活到老
죽을 때까지 활동하고
學到老
죽을 때까지 공부한다

한국현대수필 100년　사파이어문고 ⑰

김진복 수필집
活到老활도노 學到老학도노

인쇄 | 2024년 3월 15일
발행 | 2024년 3월 20일

글쓴이 | 김진복
펴낸이 | 장호병
펴낸곳 | 북랜드
　　　　06252 서울 강남구 강남대로 320, 황화빌딩 1108호
　　　　41965 대구 중구 명륜로12길 64(남산동)
　　　　대표전화 (02)732-4574, (053)252-9114
　　　　팩시밀리 (02)734-4574, (053)252-9334
　　　　등록일 | 1999년 11월 11일
　　　　등록번호 | 제13-615호
　　　　홈페이지 | www.bookland.co.kr
　　　　이-메일 | bookland@hanmail.net

책임편집 | 김인옥
기　　획 | 전은경
교　　열 | 배성숙 서정랑

ⓒ 김진복, 2024, Printed in Korea
* 저자와 협의하여 인지를 생략합니다.

ISBN 979-11-7155-054-8 03810
ISBN 979-11-7155-055-5 05810 (E-book)

값 13,000원

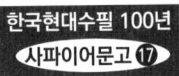

活到老활도노 學到老학도노

김진복 수필집

책을 내면서

　책을 낸다는 것은 쉬운 일이 아니다. 의욕, 시간, 필요 경비 등 3박자가 맞아야 한다.
　아내는 늘 내 주변에 있으므로 나의 일거수일투족을 꿰뚫고 있다. 이번 책을 내게 된 것은 전폭 아내의 힘이요 덕분이다.
　2014년에 『오늘은 새날이다』, 2018년 자전 수필집 『길』을 낸 후로 책 출간 일을 죽 잊고 있었다. 글을 쓰는 사람은 저작에만 신경 쓰는 것이 옳은데 엉뚱한 생각을 하는 경우가 나에게도 있었던 것 같다.
　글을 쓰고자 하는 의욕이 없어졌다. 나오는 수필집마다 그게 그것, 별난 것이 없고 수필단체에 내는 원고마저도 짐이 되었다.
　20년의 수필가 행세를 하면서 수필집이 겨우 두 권이라는 생각이 늘 마음을 눌렀다. 차일피일 하던 차에 건강이 나빠지면서 책 내는 일은 거의 포기 상태에 있었다.

하루는 아내가 넌지시 "이제 수필집 안 냅니까?"라고 말을 걸어왔다. 그러면서 출판비를 선뜻 내어놓았다. 부끄러웠다. 내 형편을 다 읽고 있었던 것이었다.

이런 동기가 묵혔던 원고를 꺼내게 만들었다. 2014년 첫 책을 낸 후 50여 편의 원고가 있었다. 마음에 드는 작품들도 보였다. 고심하고 고심하다가 책을 내기로 하고 세 번째 수필집 제목을 『활도노活到老 학도노學到老』라 정했다.

원고를 정리하고 교정을 봐준 큰딸 경희가 수고를 많이 했다.

용기를 준 아내 조춘길 권사가 고맙고 사랑스럽다.

2024년 3월

| 차례 |

4 • 책을 내면서

12 • 활도노, 학도노
17 • 인덕과 인연
21 • 곁가지
25 • NG 안 내기
29 • 4월은 왜 아픈가
33 • 길
37 • 글은 얼굴이다
41 • 범어 노거수의 독백
46 • 당기는 삶
50 • 전문가
54 • 함께 사는 세상

故

60 • 딸들과의 외국 여행

65 • 먼 기억

70 • 불가사의

74 • 삶의 듦과 낢

78 • 스마트폰 인사

82 • 독백

86 • 접촉 사고

90 • 내일은 오늘이다

94 • 동산 계곡

99 • 가봐야 압니다

103 • 뿌리

知

110 • 이름 남기기
114 • 성형과 표절
118 • 버킷리스트
122 • 금혼식 여행
126 • 자서전
130 • 100세 시대라고 하는데
134 • 눈높이
138 • 인공지능 작가
142 • 삶의 무게와 가중치
146 • 순교 성지의 고요
150 • 아빠, 우리 시청에 놀러 가요

新

156 • 골동품
160 • 초정 선생
164 • 안갯길
168 • 백담사 회고
172 • 새삼 종교를 생각하다
176 • 개와 사람
180 • 가면
184 • 종교와 종교인
188 • 칼럼 장르
191 • 중수필, 칼럼 사랑
195 • 문화와 문학, 나

溫

활도노 학도노
인덕과 인연
곁가지
NG 안 내기
4월은 왜 아픈가
길
글은 얼굴이다
범어 노거수의 독백
당기는 삶
전문가
함께 사는 세상

활도노活到老, 학도노學到老

'활도노, 학도노'는 "죽을 때까지 활동하고 죽을 때까지 배운다"는 의미다.

지난해 초 평소 학문적으로 사숙하고 인간적으로 친숙했던 연세대학교 행정대학원장을 지낸 유종해 교수가 세상을 떠났다. 구순에 든 나이였지만 정신과 몸 건강에 별문제가 없어 보였다. 돌아가실 때까지 매주 내가 쓴 칼럼에 평가와 조언을 해 주시던 분이셨다. 전화 통화를 하면 첫마디가 '대구의 문호 김진복 박사'라고 추겨주면서 나를 기분 좋게 만든다. 겸양과 남을 칭찬하는 말이 몸에 밴 젠틀맨이다.

유 박사가 돌아가셨을 때 짧은 추모의 글을 보냈더니 사모님이 영전에 올리겠다고 하셨다. 코로나 분위기에서 추도식에 참여하지 못한 것이 죄를 지은 기분이다.

　30년 넘는 그와의 인연은 내 삶의 큰 자산이 되었다. 1991년 재직하고 있던 대학에서 '지방자치연구소'를 만들 때 그분의 많은 도움을 받았다. 정치학을 전공한 유 박사는 처음으로 미국의 현대행정학을 이 땅에 도입한 선각자다. 정치학과 행정학은 끊을 수 없는 상관관계 학문이다, 수많은 행정학 관련 저서를 내었고 그 가운데 『조직론』은 학계에서 수작으로 평가받았다.

　나중에 안 일이지만 나의 고교 시절, 영어 교사였던 유종구 선생이 바로 유종해 박사의 형이었다. 학생들로부터 '미스터 세브란스'라는 별명을 얻은 유 선생은 평범한 교사와는 달리 의사의 꿈을 가지고 있었다. 시간 짬짬이 미국 영화 이야기를 해 주었고 엘리자베스 테일러, 비비안 리, 에바 가드너 같은 유명 배우들의 사진을 보여주어 우리들을 흥미진진하게 했다. 세브란스 유종구 선생이 미국에서 정신과 의사가 되었다는 말을 듣고 꿈을 실현한 그의 학문적 투지에 존경하는 마음이 들었다.

　유종해 교수는 나의 박사학위 논문 지도도 해 주신 분이다. 유 교수의 좌우명이 '활도노, 학도노'였다. 그는 이런 말을 했다. "정년퇴직하자마자 중국어를 공부하기로 하고 지금까지 중국말 공부를 하고 있다. 그런데 갈수록 힘들다. 공부를 하다 보니 우리와 중국, 일본은 한문을 통하여 같은 문화권을 형성하고 있다는 것을 깊이 알게 되었다. 학자는 끝까지 연구하고 자기 분야에 대한 개발을 게을리해서는 안 된다. 몸을 많이 움직이고 노력을 아끼지 말아야 한다."는 그의 생활 철학은 시나브로 내 좌우명의 바탕이 되었다.

나는 나이에 상관없이 내가 할 수 있는 일을 찾으려고 애쓴다. '활도노, 학도노'를 염두에 두고 최선을 다한다는 생각을 가지고 있다. 나의 일상은 이렇다. 대구극동방송 남성합창단의 멤버로 활동하면서 모자라지만 나의 음악성을 계속 유지하려고 노력한다. 순회 연주회에서 합창을 하다 보면 뭔가 이루었다는 충만감에 기분이 좋아지고 정신이 맑아진다. 악보를 보는 능력도 늘었다.

매주 한 번씩 주민복지센터를 찾아 중국어 공부를 하는 것도 즐거움 중의 하나다. 중국어의 변형 한문은 어렵고 까다롭지만 새로운 한자 감각을 익힐 수 있어 배움의 의욕을 넘치게 한다. 외국어를 공부하는 것이 쉬울 리는 없지만 중국어는 음절 소리의 고저 차이로 발음이 매우 어렵다. 중국어의 어휘가 늘어갈수록 배우는 재미가 쏠쏠하다. 익힌 어휘를 연결하여 문장을 만들고 말하는 습관을 키우고 있다.

한 달에 두 번 신문칼럼을 써 온 지가 30년이 넘는다. 중간중간 사설도 썼다. 신문사의 창간사를 쓴 인연으로 지금까지 붓을 놓지 못하고 있다. 나는 보통 수필을 쓴다는 기분으로 칼럼을 쓴다.

중수필로 분류되는 칼럼은 비판적 문학이며 현실을 보는 이성적 장르다. 수필의 다각적 시각에서 보면 칼럼을 중수필로 이해하지 않으려는 시각도 있어 보인다. 그래선지 칼럼을 쓰는 수필가를 잘 볼 수가 없다. 나는 칼럼의 신봉자요 칼럼니스트다. 글로써 세상의 면면을 공유하고 조명할 수 있는 것은 중수필인 칼럼의 특권이다.

유 박사는 세계에서 세 번째로 긴 강, 길이가 6,300㎞인 장강長江 크루즈 여행을 한 것이 아주 감명 깊었다는 말을 여러 번 했다. 서울의 저명 인사들이 만든 백세 클럽에서 장강 여행을 갔을 때 김동길 교수의 깊고 유머스러한 강의를 잊을 수 없다고도 했다. 나는 장강 여행을 버킷 리스트로 정했다. '활도노, 학도노'의 지혜를 남겨 준 유종해 박사는 영원한 나의 멘토다.

살아오면서 내가 세상에 남기고 갈 중요한 무엇이 있는지 가끔 생각할 때가 있다. 남이 간 길을 따라간 것이 아니라 사회와 국가에 내 이름을 남길 만한 무엇이 있느냐 하는 것이다. 다행스럽게도 한국의 지방자치발전에 기여한 작은 공이 있음을 위안으로 삼는다. 5·16으로 중단된 지방자치제가 부활된 후 영진전문대 부설 '지방자치연구소'를 개소하여 주로 대구·경북지역의 지방의원 진출자 및 공무원, 지역주민들을 상대로 무상으로 폭넓은 지방자치 교육을 실시하였다. 연구소의 활동에 좋은 평가도 있었지만 스스로도 열심히 했다는 자부심이 있다. 중앙과 지방의 지방자치 역사에 내 이름 석 자가 뚜렷이 기록되어 있을 것을 확신한다. 그간의 활동을 수치로 대신하면 다음과 같다. 신문 사설, 칼럼 및 방송 500여 회, 지방의원·공무원연수(대구 44회 3,152명, 경북 20회 1,342명), 주민자치교육(대구 10회 992명, 경북 35회 110,99명).

학문적으로도 인정받아 한국지방자치학회가 지방자치 발전에 크게 기여한 인사에 대해 시상하는 '고주 노융희 지방자치상'을 2021년 수상하였다.

이 상은 한국지방자치학의 선구자인 고 노융희 서울대 명예교수가 제정한 상으로 지방자치 발전에 크게 기여한 인사에 대해 한국지방자치학회가 시상한다.

'활도노活猾老, 학도노學猾老'는 아직도 나를 생동케 하는 가르침이다.

• 2024. 1.

인덕과 인연

인덕이란 말이 있다. 좋은 사람과의 인연을 뜻한다. 사람을 잘 만나야 한다거나 줄을 잘 서야 한다는 말도 같은 맥락이다.

살아가면서 우리는 많은 사람들과 만난다. 성격, 사회적 배경 등 개인차는 있지만 나름에 따라 자의든 타의든 사람 관계를 만든다.

불가에서는 소매만 스쳐도 인연이란 말을 한다. 인간관계의 중요성을 깨우치는 말이다. 은인이나 원수는 인간관계의 결과물이다.

나는 사람을 잘 만나 내 삶의 궤적에 큰 변화를 체험한 적이 있다. 그때를 생각하면 아찔함과 감사를 동시에 느낀다.

20대 후반 무렵, 나는 대구시청 공무원이었다. 처음 근무처는 길거리 부랑자를 임시 수용·보호하는 시립희망원이었다. 지금은 천주교 대구교구에 위탁하고 있지만 그때는 대구시가 직접 운영하는 복지기관이었다.

복지가 우대받는 요즘과는 달리 60년대 후반, 70년대 초에는 사회복지라는 용어조차 사용하지 않던 복지의 암흑시대였다. 거리에는 넝마주이, 껌팔이, 구두닦이, 장애인 등이 넘쳐흘렀고 겨울철에는 동사자도 많았다. 지금의 노숙자의 개념과는 완전 다른 오갈 데 없는 불우 계층이었다.

지역마다 수용시설이 없던 때라 대구시립희망원은 전국 각지의 수용자로 늘 만원이었다. 수용 원생이 천수백 명이나 되었다. 도망가고 수용하는 일이 반복되고 있었다. 이곳을 배경으로 거리 소년 윤복이의 생활사를 그린 '저 하늘에도 슬픔이'란 영화가 나온 때도 그 무렵이었다.

체계적인 프로그램도 없이 수용자를 단순 보호하는 기능을 했던 시립희망원에서 나의 역할은 입·퇴소 처리, 의례적인 수용자 상담이 고작이었다.

6개월 정도 근무했을 때다. 시립희망원을 감독하는 본청 사회과에서 일손이 달린다면서 직원을 파견해 달라는 요청이 있었다. 원장의 추천으로 본청에서 일하게 된 행운을 얻게 되었다. 인사부서의 발령도 없이 단순 파견 근무였기에 언제 다시 원 근무처로 돌아갈지 예정이 없었다.

사회과의 주무부서인 사회계로 배치 받았다. 일에 몰두하는 성격이라 무슨 일이든 열심히 했다. 궂은일은 도맡아 했다. 부랑자 단속, 상담·귀향시키는 일, 경찰이 인계하는 행려병자·변사자 처리 업무 등 남들이 꺼리는 일들이 태반이었다.

현장에서 변사자를 염하여 시립공동묘지에 매장하는 사회과 소속 인부가 두 명이 있었다. 경산이 고향으로 기억되는 60대 줄의 한 아저씨는 일당이 시원찮았지만 불평 없이 일을 잘했다. 누런 이빨을 보이면서 웃음을 잃지 않던 마음 좋은 아저씨의 모습이 눈에 선하다. 고인이 되었을 그들은 틀림없이 좋은 곳으로 갔을 것이다. 두 아저씨는 죽은 이들과 남다른 인연이 있었던 것 같다.

야근을 밥 먹듯이 했지만 본청에서 하는 일은 재미가 있었다. 시청의 많은 직원들로부터 '걸뱅이대장'이라는 별명을 들었지만 전혀 부끄럽지 않았다. 내가 하는 일들이 천직처럼 여겨졌다. 사회과의 모든 일에 익숙해지면서 영세민 구호사업, 민간 복지시설 운영 감독, 파월장병 지원 업무 등 중요한 일도 맡게 되었다.

잊히지 않는 일이 있다. 월남 전쟁이 한창이었을 때 대구역에서 부산으로 가는 장병들을 환송하는 행사가 자주 열렸다. 어둠이 가지 않은 새벽, 몸 성히 잘 다녀오라고 마이크를 잡고 목멘 소리로 격려 방송을 했던 일이 새롭다. 열차 차창에 목을 내밀고 손을 흔들던 장병들은 지금 어디서 무엇을 하고 있을까.

어느새 나는 사회과에서 꼭 필요한 일꾼이 되고 있었다. 2년 가까이 그렇게 지냈을까. 과장도 여러 명 바뀌었다. 그때까지도 정식 발령이 없는 파견자로 근무하고 있었다. 어느 날 총무과 인사계장의 호출을 받았다. 발령 없이 근무하고 있는 것을 나중에 알았던지 당장 원 근무처로 회귀하라고 했다. 아무 말도 못 한 채 돌아와서 담당계장에게 말했더니 바로 과장에게 보고가 들어갔다. 과장이 상기된 얼굴로 총무과로 뛰어 올라갔다. 다음 날 나는 사회과 근무 정식 발령을 받았다.

작은 키에 몸살이 넉넉한 그는 회계 전문가였다. 시청에서 엘리트로 인정받고 있었다. 그런 분이 당시 3등 과인 사회과장으로 자리를 옮기게 된 연유는 지금까지도 모른다. 평소 일에 적극적이면서 야간대학에 다니던 나를 잘 보고 있었던 모양이다.

내 인생의 전환기는 찰나에서 비롯되었다. 만약 그때 원 근무처로 복귀했다면 지금의 나는 없었을는지도 모른다.

총무과 인사계를 끝으로 시청을 그만둘 때 나는 서울로 자리를 옮긴 백근상 과장님이 가장 먼저 생각났다. 물론 나의 질긴 노력도 있었지만 내게 도움을 준 사람이 없었다면 내가 바로 설 수 있었을까.

30대 후반, 대학으로 직장을 옮긴 뒤 동대구역에서 그분을 꼭 한 번 만난 적이 있다. 나에게 인덕을 준 그분을 내 생전 잊지 못한다.

• 2014. 11.

곁가지

　지금은 볼 수 없지만 길거리에 난전을 편 서적상이 있었다. 볕이 잘 드는 목 좋은 거리, 건물 앞 도로를 낀 공터 자리에는 신발 난전처럼 온갖 책들이 이리저리 흩어져 있었다. 간혹 새 책도 보였지만 손때 묻은 책들이 많았다.

　그런 풍경을 즐기는 나는 고교 졸업 무렵, 길거리 책 난전을 찾아다니면서 헌책 사기에 몰두한 적이 있었다. 그렇게 모은 책들이 수월찮았다. 책 고르는 재미도 있었지만 무엇보다 책값이 쌌고 평소 사숙해 오던 문인들의 책들이 많았던 것으로 기억난다.

　허구한 날 직장에 매이다 보니 자연 책과는 거리가 멀어졌고 모아둔 책들이 있다는 사실조차 잊고 있었다. 연전 방 도배를 하면서 평소 손이 가지 않던 벽장 청소를 하다가 검누렇게 변한 박스를 발견했다. 이사를 몇 번 다녀도 풀지 않고 쌓아둔 것들이었다.

수십 년간 먼지를 덮어쓴 박스 속에는 내가 한동안 수집광이었던 흔적들이 그대로 담겨져 있었다. 작은 도자기류 몇 개를 빼곤 모두가 책이었다. 아파트 쓰레기 처리장에 내놔도 가져가지 않을 정도로 책들은 누렇게 바래져 있었다. 족히 칠십여 권은 될 듯하다.

김진섭의 수필집 『생활인의 철학』, 박흥민의 『해학 수필집』, 이광수의 『스무 살 고개』, 마해송의 『전진과 인생』, 조병화의 시집 『밤이 가면 아침이 온다』 등 모두가 70여 년 전 출간된 세로 판 책들이다.

글자는 보이지만 늦가을 은행 단풍색을 닮은 책들은 책장을 넘길 때마다 우수수 종이 부스러기가 떨어진다. 조심스럽게 먼지를 털어내고 갈라진 책 페이지 틈에 스카치테이프를 붙이면서 책 읽기를 좋아했던 그때를 회상한다. 젊은 날의 그런 흔적들이 내 마음에 꽂혀 아직까지 생동하고 있다는 사실에 긴 안도의 숨을 쉰다.

책장에 진열된 옛 책들은 크기도 들쑥날쑥하고 완전 고서 같지만 그것은 분명 내 삶의 족적이다. 최근의 책들과 구분하여 따로 진열해 두었지만 민속 박물관에 전시되어 있는 옛 낡은 농기구처럼 고풍스럽게 보인다. 둘레가 닳아 짚이 삐죽이 튀어나온 멍석처럼 책의 겉표지가 너덜거린다.

책 속에는 앞이 보이지 않던 내 젊은 날의 고뇌와 눈물이 스며져 있다. 사람은 가고 없지만 작가의 혼이 담긴 책은 남는다. 옛 문인들이 그것을 잘 말해 준다. 백자부 시인 초정 김상옥은 1975년에 낸

산문집 『시와 도자』 서문에서 이렇게 독백한다. "이것은 형식에 구애되지 않는 나의 시론이요 살아온 아픈 자취의 수필이요 또한 나의 어록이자 나의 외로운 미학이다."

내 서재에는 초정이 써준 현판이 걸려 있다. 백암산방白巖山房이라고 쓴 초정 특유의 서체와 그의 혼이 담긴 아자방이란 붉은 낙관을 보면서 찰나였지만 그와의 짧은 교우를 되새긴다. 산문집의 첫 장에 도장 파듯이 꼼꼼하게 내게 써준 상형문자를 닮은 글체를 보면 그의 숨결이 느껴진다.

옛사람이 남긴 예술작품은 살아있는 이들에게 많은 교훈과 영감을 준다. 평생을 공직에서 살아온 내 마음속에는 아직도 정도正道를 벗어나면 큰일 날 것 같은 딴딴함이 있다. 벽에 걸린 액자가 조금만 삐뚤어져 있어도 그냥 못 본다. 길들여진 틀에 박힌 관념 때문이리라.

요즘은 마음을 열고 좀 수월한 삶을 살아보자고 자신을 다그친다. 다행인 것은 각진 내 마음속에 질화로의 은은한 불씨처럼 문학의 열정이 남아 있다는 점이다. 옛 때 묻은 책들을 보면서 수필에 심취하면서 느끼는 감정이다.

지금과 달리 나의 고교 시절에는 문예반 활동이 매우 활발했다. 지도 교사도 있었고 교우지에 글 실리는 것이 가문의 자랑거리가 될 만큼 인기가 있었다. 문학소년 문학소녀란 말이 그때 유행했었다.

기계문명이 크게 지배하는 지금, 인간의 본성에 가까이 하려는 인문학이 시나브로 우리 주변을 맴돈다. 늦게나마 사람의 중요성을 인식하고 있다는 점에 마음이 간다. 문학에서 스스로의 생활을 찾을 수 있다는 것은 행운이다.

나는 오랜 기간 오로지 살기 위한 삶에 목숨을 걸고 있었다. 늦었지만 이제 와서야 비로소 멀고 험한 여행길에서 얻은 병들고 찌든 마음을 치유해야겠다는 생각에 이른 것이다. 곁가지로만 여겼던 글에 대한 욕구가 새로운 원가지로 뿌리를 내릴 참이다.

• 2015. 3.

NG 안 내기

"죄송합니다. 다시 하겠습니다." 원고에만 신경을 쓰고 있는 나에게 하는 말이다. NG를 낸 것이다. "렌즈를 보면서 말씀해 주세요." 처음 TV 방송 인터뷰에서 있었던 일이다. 1991년 지방자치제 실시에 앞서 내가 근무하던 대학에 '지방자치연구소'가 설치되었다. 지방에서는 처음이다. 그때 연구소장인 나는 지방자치 전문가로 평가받고 있었다.

5·16으로 중단된 지방자치제가 30년 만에 부활된 탓으로 지방자치에 관한 연구가 거의 없었다. 그러나 나는 연구소 설치를 위해 국회도서관을 비롯한 여러 곳에서 지방자치 관련 자료를 모아 꽤 많은 자료를 갖고 있었다. 지방의회의원 선거가 곧 있을 것이란 말에 지방정치 지망생들의 움직임이 부산했다. 때를 맞추어 서울의 이름난 지방자치 석학을 초청하여 대구시민회관에서 큰 강

연회를 열었다. 각 언론사 기자들이 취재하러 줄지어 왔다. 연구소 주관으로 지방의원 출마대상자를 위한 연수도 계속하였다. 이런 연유로 각 언론사와 인터뷰하는 일이 잦았다.

TV 방송 기자와의 대담은 늘 신경이 쓰였다. 인터뷰 때는 사전에 주제를 알려주기도 하지만 준비한 내용이 무용지물이 될 때가 많았다. 기자가 즉석에서 이런저런 말을 해 달라고 주문하는 것이다. 그러면 헷갈리게 된다. 핀트가 맞지 않으면 바로 NG가 난다.

지방자치 토론 100분 TV 방송은 생방송이지만 NG가 거의 없다. 좌담 형식의 토론이고 카메라가 돌아가든 말든 사회자의 진행에 따라 보통 때처럼 말하면 된다. 2분 인터뷰보다 신경이 덜 쓰였다는 기억이 남아 있다. NG를 많이 내는 배우는 영화감독이 좋아하지 않는다고 한다. 의도대로 되지 않고 많은 스태프진을 어렵게 하며 시간과 경비가 많이 난다는 이유에서다. 정상에 있는 탤런트나 배우는 NG를 거의 내지 않는다. 경험 축적도 있겠지만 나름의 상황 대처 능력을 가지고 있기 때문이다.

나는 가끔 내 삶의 NGNo Good를 생각할 때가 있다. 가뭇가뭇하지만 나의 첫 인생길에 영향을 준 멘토는 아마 초·중·고의 선생님이었을 것이다. 머리가 여문 후에는 이따금씩 사숙게 되는 대학의 은사도 한몫했을 것이다. 때로는 부모나 직장의 상사, 친구의 거듦도 있었을 것이다. 세상의 단 경험 쓴맛을 본 지금은 남으로

부터 영향을 받는 것보다 주는 경우가 더 많지 않을까 하는 생각이 든다. 부인할 수 없는 것은 내게 주는 종교적 영향이 내 생활의 많은 부분을 차지하고 있다는 점이다.

  내가 누리는 삶에 굴곡이 없었다고는 할 수 없지만 누구나 다 겪는 일이라 생각하면 마음이 편해진다. 부부간·자식 간의 찰나적인 불협화음, 이웃 간의 몰이해, 갖가지 인간관계에서 나타나는 부조화는 NG의 뿌리다. 사회변화에 익숙하지 못해 자기 함몰에 놓인 경우는 자신의 결정에 많은 장애를 준다. 나이와 더불어 찾아오는 NG는 그 양태가 다양하다. 말이 많아지고 무슨 일에서든 고집을 내세운다. 이것은 사람과의 관계를 어렵게 한다. 잘 고쳐지지도 않는다. 그러나 마음가짐만은 있어야 한다. 때로는 학습도 하고 훈련을 쌓아야 한다. 완성된 삶을 살기 위해서는 NG를 투자로 바꾸어 보려는 생각의 전환이 필요하다.

  스스로 NG를 내지 않고 살겠다는 생각은 자신도 편하게 하고 상대도 기분 좋게 만든다. 미당이 아침에 일어나 먼저 한 일은 세계 각 나라의 산 이름 1,625개를 달달 외우는 일이었다. 머리 회전을 좋게 하기 위해서 한 일이라지만 작가로서 당신의 삶에 NG를 내지 않겠다는 강한 욕구가 묻어 있는 것이다. 그와 같은 열정이 뭇사람들의 영혼을 적셔주는 빼어난 시어를 낳게 했을 것이다.

  나는 매일 내가 좋아하는 성경 200여 개 구절을 암송하면서 마음을 다잡는다. 다 외우려면 족히 1시간 정도 걸린다. 성경의 글귀에는 내 삶의 길에 NG를 없애주는 명언들이 담겨 있다. 심오한 의미가 배어있는 경구들은 내 마음을 갈고닦는 쟁기도 되고 거름이 된다. NG를 내지 않고 사는 사람이 세상 어디 있으랴. 그러나 마음먹기에 달려있다. 매일매일 날이 바뀌어도 똑같은 날이라 생각하지 말고 나의 삶에 찾아온 새날이란 마음으로 감사히 받아들이자. NG가 깃들지 못할 것이다. NG를 내지 않고 산다는 것은 자동차 사고를 내지 않겠다는 결심과 다를 바 없다. 삶의 NG에는 가시적인 보험이 없다. 그러나 절대자를 향한 믿음이 있다면 그것은 NG 보험이다.

• 2015. 4.

4월은 왜 아픈가

역사는 시간의 돌연변이에서 나타난 흔적물이다. 어느 역사든 그 속에는 반드시 별난 인물이 있다.

개인사가 모여 한 시대의 역사를 만든다고 하면 잘못된 표현일까. 힘 있는 사람이 자신의 탐욕을 위해 어지럽게 펼친 결과물이 역사란 이름으로 다듬어진다.

인간사의 공통된 큰 물줄기의 흐름을 역사라고 한다면 개인사는 자전적인 기록에 머문다. 역사 속에는 개인이 남다른 힘으로 나라의 질서를 흩트린 경우도 있었고 뜨거운 용암이 되어 분출된 약한 자들의 분노도 있었다. 어쨌든 역사는 사람이 만들어 가는 것이다.

산수유가 노란 움을 뾰족이 보이다가 막바지 겨울 힘에 움츠리고 있다. 눈비가 섞여 내리는 걷잡을 수 없는 3월 날씨다.

제55주년 2·28민주운동 기념식에 참석하면서 여러 생각들이 머리를 어지럽힌다. 자리를 정하고 둘러보니 주변의 참석자 거의 모두가 반백의 노인이다. 1960년 2월 28일 채 스물도 안 된 나이에 학생의거에 나섰던 인물들이다.

그때 그날의 장면이 파노라마가 되어 다가온다. 일요일 시청 옆에 있었던 교회에서 막 나오려 할 때쯤 학생들의 데모 군중에 휩싸였다. 얼떨결에 무리에 섞여 골목길로 피신한 기억이 난다. 앞장서지는 못했지만 무리 진 학생들과 같은 학교 모자를 썼기 때문에 어쩔 수 없었던 행동이었다. 등 뒤에서는 경찰들의 호루라기 소리와 발자국이 요란했다.

2·28 의거는 학생 민주화 운동의 효시다. 3·15마산의거, 4·19혁명으로 이어진 학생운동은 이 땅의 민주 역사를 크게 바꿨으며 사람 가치의 중요성을 새롭게 하였다. 드러나지 않던 풀뿌리 민중의 힘이 엄청 크다는 것을 사실로 보여주었다.

산자락 아래에 마련된 기념식장은 열기가 전혀 안 보인다. 날씨 탓만은 아니다. 올해도 예년처럼 각 학교에서 뽑힌 남녀 고교생 20여 명이 추위에 움츠리면서 자리에 앉아 있다. 이들이 2·28에 대해 얼마나 알고 있을까. 대구의 학생의거가 우리나라 근대 민주주의 역사의 분수령이 된 사실을 실감하고 있을까. 55년 전 그날

읽었던 결의문을 낭독하는 K 고교생의 음성이 너무 순하고 부드럽게 들린다.

두류공원 산자락에 서 있는 2·28학생의거 기념탑이 차갑게만 느껴지는 것은 무슨 이유일까. 이 땅에 아직도 민주화의 미진함이 있기 때문일까.

행사장 주변에 길길이 서 있는 화환에 눈을 돌린다. 어디서나 볼 수 있는 허례가 이 자리에도 찾아왔다. 선 자리가 어색하다. 틀에 박힌 이름 줄이 늦겨울 바람에 흔들린다. 차라리 없었으면 더 좋겠다는 생각이 퍼뜩 든다.

달빛행사라는 이름으로 이날도 호남에서 광주에서 몇몇 정치인들이 참석했다. 달구벌과 빛고을 광주를 되풀이하면서 토해 내는 한결같은 축사가 지겹기만 하다. 그들의 잔치 마당이다. 역사는 역시 힘 있는 사람들이 만들어 가는 것일까.

"1960년 2월 28일, 우리들 오래 잊지 못할 날로 너희들 고운 지성이사, 썩어가는 겨레의 가슴속에서, 한 송이 꽃으로 향기로울 것이니 이를 미워하는 자 누구냐, 이를 두려워하는 자 누구냐, 치희로 비웃는 자 누구냐, 그들을 괴롭히지 말라. 그들의 앞날을 축복하라." 김윤식金潤植의 시가 오늘도 같은 맥락으로 우리에게 전달되는 이유는 무엇 때문일까.

4월은 우리에게 유달리 아픈 기억을 심어주었다. 삶을 어렵게 만든 크고 작은 변화가 우리를 겁주었기 때문이다. 멀리 생각할 필요도 없다. 세월호 사건은 우리에게 얼마나 큰 고통을 주었는가. 그리고 역사에 얼마나 쓴 기록을 남겼는가.

이 4월, 나는 새로운 생명으로 다시 나기 위해 온 겨울 인내해 온 나무들의 고난을 본다. 나이테로 몸집을 늘리면서 늘 그 자리에 머물고 있는 나무는 숱한 봄을 거듭하면서도 말이 없다. 속으로는 좋은 생각만 하고 있을 것이다.

나는 자문한다. 나에게 나무와 같은 듬듬함이 있는지. 나는 무언가 이루지 못한 아쉬움에 기가 죽는다. 그러면서도 어느 역사의 한 줄에 나의 흔적이 있을 것이라는 위안을 갖는다.

4월이 아픈 것은 도끼에 찍힌 나무 등걸의 각인처럼 우리들 마음속의 지워지지 않는 자국 때문이다. 4월은 긴 역사를 만들어 가는 시간 속에 있는 찰나에 불과하다. 물처럼 흘러간 지난 4월들은 시간과 공간 속에서 점점 색 바래질 것이다. 거기에 매일 필요가 없다. 우리에게는 오는 새로운 4월이 더 중요하다.

· 2015. 5.

길

아내가 외출하면 내가 하는 말이 있다. "조심해서 다니시오."

한참된 일이다. 목사 사모님이 교통사고로 돌아가셨다는 다급한 전화가 왔다. 응급실 한편 침대에 돌아가신 분이 자는 듯이 눈을 감고 있었다. 뇌진탕이라 외상은 없었다.

70을 훨씬 넘긴 나이지만 빈틈없고 영리하고 꼼꼼하신 분이 매일 다니는 집 앞 횡단보도를 건너다가 교통사고를 당했다는 것이 이해가 안 간다. 가족들은 신호위반을 절대 하실 분이 아니라고 우겼지만 빨간불이 켜졌을 때 도로를 건넜다는 경찰 조사가 나왔다.

며칠 전 일본 근해에서 미 해군 구축함이 필리핀 컨테이너선과 충돌하는 해상 교통사고가 있었다. 길이 154m의 군함이 222.6m

의 상선과 부딪쳐 2대의 인양선에 끌려 기지로 옮겨졌다고 한다. 최첨단 레이더와 장비를 갖춘 '신의 방패'로 불리는 세계 최강의 군함이 예상외의 사상자를 내는 등 완전 체면을 구긴 황당한 사고를 도저히 이해할 수가 없다.

불가사의한 일은 사람과 그 어떤 대상도 피할 수 없는 것인가.

어린 시절 창공을 휘젓는 비행기를 보면서, 끝이 없을 것 같은 광활한 바다 위를 달리는 돛배를 보면서, 계절 따라 하늘 먼 길을 날으는 철새의 대오를 보면서 거침없이 자유자재로 다닐 수 있어서 좋겠다는 생각을 한 때도 있었다. 고학년이 되면서 새도 비행기도 배도 정해진 길로 다닌다는 사실을 알았지만 지금까지도 선박의 해상 충돌사고 같은 것을 이해할 수 없다는 막연한 생각이 있다.

사람이 사는 곳 어디든지 길이 있다. 길을 가는 사람은 목표가 있다. 길을 잘못 들었다는 것은 가야 할 노선에서 벗어났다는 말이다.

길이라는 단어 앞에는 어떤 접두어를 붙여도 의미가 살아난다. 인생길, 고샅길, 순례길, 하늘길, 뱃길 등등 새로운 낱말을 얼마든지 만들어 낼 수 있다.

한자어로 도道와 로路는 다 같이 길을 뜻하지만 꼭히 구별하자면 전자는 큰길, 후자는 좁은 길이 아닐까.

道에는 물리적 길만이 아닌 또 다른 심오한 철학이 담겨있다. 보통 사람들이 가지 못한 길을 먼저 간 성현들과 선각자들이 터놓은 보이지 않는 길이다. 보이는 길은 잠깐이요 보이지 않는 길은 영원하다고 한다.

사람이 마땅히 지켜야 할 도리나 정도에는 거칠 것이 없다는 대도무문이나 길이 아니면 가지 말라는 말도 있다. 지각 있는 사람들은 자기 삶의 사표가 된 인물들이 걸어간 길을 답습하고 때로는 사숙私淑한다.

어떤 길을 가든 사람들은 각자 가는 길이 있고 그 길에서 사는 보람을 얻는다. 세상이 변했다는 말은 모름지기 인간이 살아가야 할 길에 혼란이 오고 있음을 뜻한다. 사람들이 갖는 오류는 자기가 걷는 길만이 정도라고 우기면서도 스스로 선택한 길도 잘못 가고 있다는 점이다.

우리가 사는 사회는 복잡하고 상이한 체제들로 구성되어 있고 체제는 상호관련성을 가진다. 각 체제가 제 역할을 충실히 하면서 유기적 조화·소통을 잘해 나가면 국가나 어떤 조직도 안정감을 유지할 수 있다.

스승이 가르침에서 떠나 제 이익을 추구하려 든다면 사도師道에서 떠난 것이다. 종교 지도자가 신앙의 본궤도를 이탈하면 종교가 아닌 사교邪敎의 길로 들어갈 위험성이 있다. 국민들의 다양한 의

견을 최선의 길로 이해·조정할 책임이 있는 정치인이 정도를 걷지 않고 사로私路를 추구하려 든다면 정상배가 되기 십상이다.

민주주의 체제에서 사람들은 각자 다른 철학·이념·사상을 가지고 자기 실현의 길을 가기 위해 경쟁도 하고 투쟁도 한다. 변화무상한 환경에서 자기 도생圖生의 길을 확고히 하기 위한 방편이다. 사람이 자기의 길을 바르게 간다는 것은 사회체제가 부여한 특정의 역할을 잘 감당하고 있다는 말이다.

나는 길눈이 어두운 사람이다. 한번 가 봤던 길도 제대로 찾지 못해 방황하는 경우가 여러 번 있다. 운전을 할 때는 원근거리에 관계없이 아예 내비게이션을 켜 놓아야 마음이 편하다. 꼭 나만 그렇지는 않을 것이다.

잘 다니던 길도 잘못 드는 것이 우리 인생이다. 아는 길도 물어가라는 말이 그래서 있는 것이다. 나는 내가 걷는 길이 옳다고 고집하지는 않지만 지금까지 걸어 온 길을 회오하지도 않는다. 형형색색으로 변하는 이 세상에서 남들이 걷고 싶을 정도의 풍요롭고 아름다운 길을 찾아서 다듬어 가고 싶다.

• 2015. 7.

글은 얼굴이다

지금처럼 자기를 드러내려고 애쓴 때가 있었던가. 남의 말을 듣기보다 말을 많이 하는 시대가 되었다. 말을 많이 한다는 것은 스스로의 존재감을 강조하는 데서 비롯한다. 상대방이 누구든 듣든 말든 말을 토해 냄으로써 자기 스트레스를 해소한다. 듣는 이에게는 말의 공해다.

사람들이 많이 모이는 식당 같은 곳에서 주위를 의식하지 않고 큰 소리로 떠드는 사람들을 볼 때가 있다. 교양이 없는 사람이라고 일축하지만 음식 맛까지 잡치는 경우가 많다. 어린아이들이 함부로 돌아다니면서 부산을 떨어도 부모는 으레 간섭하지 않는다. 자기 아이 기죽이지 않기 위해서다. 젊은 부모들이 이기주의자가 된 지 오래다.

서울의 어느 레스토랑에서는 어린이들을 동반한 어른들의 출입을 금한다고 한다. 공중도덕을 상실한 이 세태를 잘 말해 주고 있는 것이다. 고교 동창생 가운데 유난히 말 많은 친구가 있다. 교수로 정년퇴직한 사람인데 모임이 있는 날에는 그의 말 듣는 것이 고역이다. 말을 그만하라고 말하기도 그렇고 그냥 듣고 있자니 짜증이 난다. 술에 거나하면 우기고 싸우려고 든다. 고교 때 가정교사를 했다는 이야기서부터 시시콜콜 별별 이야기를 훑다가 정치 이야기로 끝낸다. 말 상대하는 친구가 있든 없든 그는 자기 말을 계속하고 친구들은 그의 말을 외면한다. 두 달 만에 만나는 모임에서 이런 일이 거의 반복되고 있다.

살다 보면 남의 말을 들어야 하는 경우가 많이 생긴다. 강의 같은 것은 내가 필요해서 듣는 것이지만 일방적으로 남의 말을 들어야 할 때도 더러 있다. 부득이 내게 도움이 안 되는 말을 들어야 할 때 인내가 필요하지만 평소 그런 훈련이 잘되어 있지 않은 것이 우리이다. 동물 가운데 오직 사람만이 겉과 속이 다르다. 교언영색으로 스스로를 속이고 남도 속인다.

인간의 의사표시 방법 중 대표적인 것은 말과 글이다. 글을 쓰는 사람이 속과 다르게 미사여구를 동원하여 속임수의 글을 쓸 수도 있지만 입으로 내뱉아 없어지는 화학성의 말과는 달리 물리적으로 기록이 남는다. 그러므로 글쓴이는 글에 대한 자기 책임이 있는 것이다. 대필 작가의 글에서 감성을 공유하지 못하는 경우가 있는데 이는 글을 의뢰한 사람의 생각이 잘 걸러지지 않기 때문이다. 글은 생각과 마음의 세세한 결결을 은연 중 내포하고 있다. 글을 정독하면 글쓴이의 사상과 철학을 엿볼 수 있다. 특정 작가의 독자가 된다는 것은 자기도 모르게 작가의 생각과 사상에 몰입하고 있다는 증거다.

나는 학창 시절 남아수독오거서라는 말이 좋아 다독에 빠진 때가 있었다. 이광수, 심훈을 비롯한 계몽소설 작가의 글에 심취했고 국내 소설가의 작품을 거의 섭렵하다시피 했다. 그때 읽은 글들이 내 문학의 밑거름이 되었을 것이다. 글은 쓴다는 것은 스스로의 생각을 문자로 표현하는 작업이다. 남을 의식하여 본심과는 다르게 쓰는 글은 거짓 글이요 자신을 속이는 것이다. 미사여구를 동원하여 쓴 글은 남에게 순간적인 감흥을 줄 수 있을지 모르나 자신의 생각에 흠집을 내는 것이다. 꾸밈없는 그대로의 글은 자신의 생각과 감정을 잘 드러내고 자기 삶의 자취를 남기는 것이 된다.

사람은 누구나 서로의 감정을 순수하게 드러낼 때 공감을 갖게 된다. 글은 바로 자신이다. 나의 첫 수필집 『오늘은 새날이다』를 받은 지인이 글을 다 읽었다면서 모르고 있었던 나를 새삼 발견했다는 말을 전해 왔다. 40여 편의 글 속에서 흩어져 있던 나의 생각과 사상의 편린들이 결집되어 나의 모습으로 재현된 것이었다. 남이 객관적으로 나를 바로 조명한 것이다. '내 글이 바로 내 자신이다'는 생각을 하면서 내 글에 대해 외경심을 가져야 하겠다는 생각이 퍼뜩 들었다.

　수필은 생활 주변에서 맴도는 수많은 사건들을 문학예술의 틀 속에서 문자라는 매개를 통하여 한데 비벼내는 향기 나는 생활인의 기록물이다. 지금까지 써 온 내 글들은 거친 빨래를 그대로 다림질하듯 번지르르한 것들이 많았다. 손이 많이 가더라도 풀을 먹여 꼼꼼하게 밟고 다듬질 후 곱게 다림질하여 신선하고 단정한 글을 써야겠다는 다짐을 해 본다.

　　　　　　　　　　　　　　　　　　　　　• 2015. 8.

범어 노거수의 독백

　내 나이가 몇인 줄 아십니까? 547살입니다. 죽 대구에서 살아왔고 안태 고향은 대구시 상동입니다. 오다 가다 나를 보는 사람들은 내 온몸을 이리저리 살피면서 이구동성으로 오래 살았다는 이야기를 늘어놓습니다. 오랜 세월에 기억이 잘 나지 않지만 내가 대구 땅에 처음 뿌리를 내렸던 때가 아마 1468년 이씨 조선 제4대 세조 임금이 등극한 지 14년쯤 되던 해였을 것입니다.

　그동안 세월의 물줄기를 따라 인간 삶의 굽이굽이 모습을 찬찬히 들여다볼 수 있었습니다. 양반과 상민이 구별되던 그때 사람들은 궁색한 살림에도 군소리 없이 팔자로 여기면서 순한 양처럼 살고 있었습니다. 초가에서 올라오는 구수한 연기가 실바람에 흩날리는 저녁나절, 온 식구가 밥상에 마주 앉는 것을 보면서 행복이 따로 없다는 생각을 했습니다. 어른들을 모시면서 내외가 불평 한 마디 않고 딸린 많은 자식들을 거두는 것을 보면서 마음이 콧잔등

이 시큰거릴 때도 있었습니다. 가을이면 알알이 튼실한 열매를 달아 동네 분들에게 풍성함을 선사했습니다.

내 나이 지천명이 되었을 무렵, 억센 비바람에도 흔들림이 없는 당당한 나무로 성장하여 마을의 수호목으로 대접받게 되었습니다. 언제나 내 주변에는 큰 멍석이 깔려 있었습니다. 누가 부르지 않아도 이웃들이 꾸역꾸역 모여들었습니다. 휴식처였지요. 농사 이야기, 부모 모시는 일과 제사, 자식 키우는 이야기로 늘 붐볐습니다. 이 동네는 가물어도 물이 마르지 않고 사시장철 개울물이 넘쳐흘렀고 상답이 많았습니다. 농사는 늘 대풍이었지요. 달을 앞세우고 별들이 제자리를 잡아갈 때면 온 하늘은 별천지가 되었습니다.

내 나이가 한 해 한 해 더해가면서 온갖 변화가 오기 시작했습니다. 왕의 시대가 끝나고 서양식의 풍습과 문물이 들어오면서 세상은 너무 자주 바뀌어 갔습니다. 전쟁도 자주 겪었고 이웃나라의 식민지가 되기도 하고 같은 민족끼리 원수가 되어 싸우는 모습도 똑똑히 보았습니다. 사람들이 평안해야 나도 편히 살 수가 있습니다.

숱한 세월을 보내고 내 나이 500살을 갓 넘긴 1972년 가을, 내게 놀라운 행운이 찾아왔습니다. 사람들이 오래 산 나를 잘 보호해야 한다면서 '대구시 보호수 제18호'라는 이름을 지어 주었습니다. 한낱 은행나무로 덤덤하게 봐 오던 수많은 사람들이 나에게 유달리 관심을 기울이는 것을 보면서 처음으로 나이가 많다는 생각을 했습니다. 늙어가는 나를 지켜준다는 것이 고맙기는 하지만 그 이유가 궁금했습니다. 나처럼 오래 산 나무가 드물기 때문에 천연기념물 같은 존재로 삼는다는 것을 나중에야 알게 되었습니다. 그때부터 자존감을 갖게 되었지요. 내 이름이 관청의 명부에 오르면서 사람들과 아주 친숙한 사이가 되고 팬들도 많이 생겨서 어깨가 으쓱해졌습니다. 어느새 나는 '상동 은행나무'로 이름을 날리게 되었습니다.

  호사다마라고 하더니 그런데 큰일이 생겼습니다. 내가 사는 곳 상동에 동서로 큰길이 트이게 되면서 사느냐 죽느냐의 기로에 서게 된 것입니다. 나의 생사 여부를 놓고 갑론을박이 벌어졌습니다. '대구시 보호수'를 살려야 한다면서 '은행나무 살리기 보존위원회'가 구성되었습니다. 할아버지 대대로 나와 함께 이웃해 온 분들의 온정이 나를 살리긴 했지만 어디로 가야 할지 내 운명은 암중모색이었습니다.

  천우신조로 나무를 극진히 아끼는 분이 나를 품어 주었습니다. 내 나이 513세 때인 1981년 9월 30일, 옛 대구정화여중고 교정으로 이사를 가게 된 것입니다. 반세기 넘게 살아온 터전을 떠나 낯선 곳에 뿌리를 내리게 되었을 때 고향과 정들었던 이웃이 생각나 눈물로 지새울 때가 많았습니다. 동고동락해 오던 바람도 나를 찾아와 이별이 서러운지 몇 날 밤을 함께 울었습니다. 하지만 금방

새 자리에 익숙해졌습니다. 발랄한 소녀들의 웃음과 재잘거림이 나를 즐겁게 해주었으니깐요.

그러나 그것도 잠깐이었습니다. 학교 터에 아파트가 들어서게 된 것입니다. 그런 연유로 다시 이사를 오게 된 곳이 지금 내가 서 있는 범어네거리 도심, 도로를 나누기 위해 만들어진 작은 녹지 공간입니다. 노쇠한 내가 이사를 한다는 것이 그리 쉽지 않았습니다. 무엇보다 몸이 온전치 못했어요. 노인들의 골다공증 같은 증세로 잘못 건드리면 몸통 부분과 가지가 으스러져 이사센터 직원들이 신경을 많이 썼습니다. 이삿날은 의사까지 동반해 주었습니다. 영양주사를 맞고 몸뚱이 곳곳에 링거줄이 몇 날 동안 이리저리 얽혀 있었습니다. 정말 분에 넘치는 호사를 했고 후한 대접을 받았습니다.

이사 몸살이 회복되어 가면서 기적처럼 늙은 내 몸 한편에 새로운 가지와 잎이 돋아나기 시작했습니다. 고목에 꽃이 피게 된 것이지요. 세월의 풍상에 흉물이 된 몸속에 후손이 들어와 함께 사는 격이 되었습니다. 나는 그 어느 때보다 행복한 나날을 보내고 있습니다. 몇 아름이나 되는 거대한 몸통 앞에는 내가 태어난 유래와 이곳까지 오게 된 사연이 담긴 돌이 놓여져 있습니다. 사람들이 내 주변을 돌면서 스마트폰으로 사진을 찍는 것을 보면 스타가 된 기분입니다.

옛 시절과 달리 지금 내 이웃은 높은 빌딩들과 아파트, 그리고 사람들로 북적거리는 식당과 커피숍들입니다. 지하철역도 바로 옆이고요. 온종일 각종 자동차가 내 앞을 줄이어 달리고 있습니다. 심한 매연이 역겹기도 하지만 약으로 받아들이면서 사람들이 좋아하는 신선한 공기를 내어주려고 애쓰고 있습니다. 상부상조하면서 사는 게지요. 내 생각으로는 지금 이곳이 영원한 보금자리일 것 같습니다.

오랜 세월을 살면서 나는 인간 삶의 모습 모습들을 꿰뚫어 봐 왔습니다. 살기 좋은 세상이 되었다지만 사람들의 마음은 점점 사악해지고 있습니다. 이기주의가 하늘을 치솟고 가족 간의 유대가 끊어진 지 오래고 도덕은 자취를 감추고 있습니다. 부모 형제 자식이 서로 죽이는 사건을 보면서 세상 끝이라는 생각이 들었습니다. 나랏일을 하는 사람들이 백성을 위한다고 하면서 몹쓸 짓을 하는 것을 보고 얼마나 답답했는지 모릅니다. 그런데 아픈 사람들은 왜 그리 많습니까. 빌딩 병원에는 환자들로 매일 북새통을 이루고 있습니다. 이런저런 모양들을 보면서 사람들이 사는 모습이 녹록지 않다는 생각을 가끔씩 하게 됩니다. 나는 사람들이 사는 도리를 알고 있습니다. 자연의 순리대로 살아야 합니다. 그 옛사람들처럼 이웃을 생각하면서 오순도순 살아가는 모습을 보고 싶습니다.

• 2015. 9.

당기는 삶

나는 팔찌를 끼고 있다. 자석 팔찌가 건강에 좋다는 말에 우연히 끼게 된 것이 이제는 신체의 일부가 되었다. 근 20여 년 가까이 착용해 온 팔찌가 팔목에 없으면 뭔가 허전하다. 소매 없는 옷을 입고도 당당히 끼고 다닌다. 유행에 따라 팔찌의 모드도 많이 달라지고 있지만 밋밋한 둥근 태의 구식 팔찌는 언제 봐도 지루하지 않다. 동그란 양 끝이 마주하고 있는 팔찌는 오른쪽 팔목에서 노란 금빛을 낸다. 팔찌의 둥근 부분 안에는 자석의 양극이 따로따로 심어져 있다. 남자가 팔찌를 끼고 다니는 것이 궁금해선지 입을 대는 사람이 더러 있지만 그때마다 건강에 도움이 된다면서 슬며시 얼버무린다. 그러나 은근히 액세서리를 즐기는 나는 건강을 핑계 대면서 팔찌를 끼고 있는지도 모른다.

자석 팔찌가 몸에 좋다는 말을 하지만 왜 좋은지 깊이 생각해 본 적이 없다. 그저 습관적으로 끼고 있을 뿐이다. 나대로 자석 팔찌에 대한 막연한 로망이 있다. 자석 팔찌의 N극 S극이 적절한 간극을 유지한다면 신체 리듬이 조화를 이뤄 건강에 좋을 것이라는 믿음이다.

　세상의 모든 이치가 그러하듯 자석의 남극과 북극은 상대적이다. 하늘에서 반짝이는 수많은 별들이 제자리를 지키는 것도 삼라만상의 존재도 양극화의 조화에서 비롯된다. 남과 여, 크고 작음, 높고 낮음, 넓고 좁음, 많고 적음 등등 상대적이 아닌 것이 없다. 눈에 보이지 않는 상대성도 있다. 마음의 눈으로 보는 상대적 비교는 부피나 질량 면에서 항상 같은 것은 아니다. 사랑, 자비, 온정, 은혜, 베풂과 같은 것들이 그 예다. 자연의 이치는 불변이지만 갖가지 인간사는 생각에 따라 부침을 거듭한다.

　자석의 N, S극과 같은 원리가 깡그리 말살되는 경우도 있다. '사람은 생각하는 동물'이라더니 인간 본성에서 비껴가는 일들이 예사로 일어나고 있다. 인간의 욕심과 사악함 때문이다. 남녀의 구별도 희미해져 가고 있다. 남성 여성 구별란에 제3의 성이란 항목이 추가되고 있는 세상이 되었다. 레즈비언, 게이, 트랜스젠더, 양성애자 등 이른바 퀴어에 속하는 사람들을 위한 조처다. 동성애자들의 결혼을 합법으로 보고 이를 법적으로 허용하는 나라들이 늘고 있다. 한국에서도 성소수자들이 인권을 앞세워 퀴어 축제와 퍼

레이드를 연례행사처럼 버젓이 하고 있다. 이는 상대성의 이치를 완전히 말살하는 행위다.

초등학교 때 말굽자석 두 개를 가지고 자석의 원리를 설명하던 선생님이 떠오른다. N극과 N극, S극과 S극끼리는 서로 밀어내고 N극과 S극은 서로 당긴다는 이치를 음양이론으로 쉽게 풀이해 주셨다. 우주와 인간사회의 모든 현상과 생성 소멸을 설명해 주신 것이다. 요즘 나는 자석의 이치를 닮은 삶을 희구하고 있다. 지금까지의 내 삶은 오로지 자아 중심적이었다. 역지사지를 말하면서도 사람과의 관계에서 늘 보이지 않는 장막을 치고 마음에 들지 않으면 언제나 밀쳐버리는 자세로 살아왔다. 이제부터는 당기는 삶을 살아 보려고 한다.

104세의 나이로 '인생전성기'를 맞고 있는 일본의 내과 의사 히노하라 시게아키日野原重明의 삶을 배워 보기로 했다. 총리 주치의를 지낸 그는 나이 들수록 스타가 되었다. 88세에 노인 운동을 시작하고, 아흔 넘어 뮤지컬을 제작하고, 100세 넘어 동화작가가 되었다. "계속해서 새로운 일에 도전하라"는 강연을 1년에 100회쯤 하면서 앞으로 3년 일정이 꽉 짜여있다고 한다. 그가 내게 감명을 준 것은 초등학생을 대상으로 '생명 수업'을 했을 때의 일화다. "생명이 어디 있는 것 같냐?" 아이들에게 물었다. "심장에 있어요." "머리에 있어요."라는 등 여러 대답이 나왔을 때 그는 고개를 저으면서 말했다. "아니다. 생명은 너에게 남은 시간 속에 있다. 어려서는 너를 위해 시간을 써라. 하지만 자라면 남을 위해서 써라. 남을 위해 시간을 많이 쓴 사람이 천국에 간다."

히노하라 씨는 1970년 일본 과격파인 적군파가 비행기를 공중납치해 북한으로 가려한 '요도호 사건'에서 구사일생으로 살아나면서 인생관이 바뀌었다고 한다. 그는 "풀려난 뒤 목숨은 신이 주는 것이다. 평화로운 세상을 위해 남은 시간을 바치겠다."고 마음을 먹었다고 한다. 나이 의식 않고 거침없는 인생을 사는 히노하라 씨의 베푸는 삶은 자석의 당기는 마음이다.

・2015. 9.

전문가

목욕탕에서 때 밀어 주는 사람을 세신사라고 부른다. 전문가의 냄새가 물컹 난다. 60줄에 들어선 잘 아는 세신사가 하는 말을 듣고 감명을 받은 적이 있다. "배운 것도 없고 어쩌다 이 일에 들어선 지 30년이 넘었습니다. 젊었을 때는 '때밀이'라는 말을 들어오면서 늘 마음이 편치 않았는데 이제는 사장 소리를 들으면서 떳떳하게 일을 하고 있습니다. 두 아이 다 대학에 보내고 아들이 구미에 있는 대기업에 취직한 지도 5년쯤 됩니다. 가까운 시골에 나지막한 야산도 하나 장만해 두었습니다. 몸이 안 따르면 그곳에 가서 땅을 일구면서 살려고 합니다."

어느 날 사우나가 끝날 시간에 늘 청소를 하는 그가 보이지 않고 한 젊은이가 목욕탕 바닥에 물을 뿌리면서 청소를 하고 있었다. 누군가 물었더니 "아버지가 몸이 편찮아 대신 청소를 하고 있습니다." 대학에 다니던 그의 아들이었다. 때밀이 아버지를 부끄럽게 여기지 않고 그 일을 대신하는 아들이 대견스럽다는 생각을 했다.

지금처럼 전문가라는 말이 회자된 때도 없었던 것 같다. 직업의 수가 많고 적음에 따라 선진 문명국의 서열이 나눠지는 시대다. 우리나라의 직업 수는 11,655개(2016년 2월 기준)나 된다. 어느 한 가지 일에서 상대를 뛰어넘는 특성과 개성을 가질 때 전문가라는 칭호를 얻는다. 전문가라고 하면 좋은 대접을 받는 것이 일반적이지만 꼭 그렇지만은 않은 것 같다. 고문전문가라는 말도 있었고 기업의 술대접 상무라든가 매맞아 가면서 버스 사고를 수습하는 전문가도 있었다.

인간사회의 변형에 따라 전문가의 종류와 기능도 많이 달라지고 있다. 셰프라는 말이 유행하면서 우리가 늘 먹는 음식 분야에서도 다양한 전문가들이 속속 나오고 있다. 이들은 종래의 음식을 과학적·체계적으로 다듬어 가면서 세련된 모습으로 보듬어 내는 기술이 있다. 여기에 여러 정보 채널들이 양념이 되어 그들의 활동에 고소하게 기름을 쳐 주면 같은 음식이라도 색다르고 고급스럽게 보인다.

인간 삶의 질과 폭이 커질수록 사회는 개성의 시대로 치닫는다. 직업과 개성, 전문성은 뗄 수 없는 밀접한 관계가 있다. 요즘 젊은

이들 가운데는 하고 싶은 일을 선호하는 이들이 의외로 많다. 개인이 특성을 살려서 일에 몰두하다 보면 나름의 전문성이 쌓이게 된다. 전문화가 된다고 해서 반드시 행복한 사회가 된다거나 개인의 발전이 보장된다고만 말할 수는 없다.

인간은 생존에 적응할 수 있게 만들어진 총화적 개체이므로 전문화가 오히려 인간 삶을 혼란에 빠뜨릴 수도 있다. 전문화가 최상이 될 수 없다는 의미다. 야구의 홈런왕이나 축구선수는 그 분야에서는 남이 따를 수 없는 전문가지만 여타 분야에서는 맹물인 경우가 많다. 경제적으로 안정된 다소 성공한 운동선수들이 연예계에 이름을 올려 변신을 시도하는 모양새를 보면 뭔가 뒷맛이 개운치 않다.

친구의 아들이 증권회사 지점장이다. 이른바 증권 전문가다. 아들의 권유로 퇴직금을 다 털어 넣었다가 깡통 신세가 되었다. 증권사의 직원 가운데 제 집 가진 사람이 없다는 말을 듣기도 한다. 전문가는 완전한 존재가 아니고 남보다 한 분야에서 약간 뛰어난 위치에 있을 뿐이다. 어쩌면 전문가와 비전문가는 종이 한 장 차이일지도 모른다. 전문가라는 사람들이 우리 사회를 어지럽히고 있는 경우를 우리는 심심찮게 보고 있다. 법률전문가가 재물 모으기에 탐닉, 법조계를 망신시키는 행태를 보이는가 하면 전문적인 가수가 프로화가 행세를 하다가 된서리를 맞는 것을 보면서 전문가의 범주와 경계가 어디까지인지 의문을 갖게 된다.

재미있는 일도 있다. 결혼상담소장은 결혼을 원하는 남녀의 정보를 체계적으로 관리하면서 짝을 맺어주는 결혼전문가다. 반면 이혼전문 변호사는 이혼을 하려는 당사자에게 위자료를 많이 받아준다면서 이혼을 부추기기까지 한다. 이 틈새에 이혼을 말리는 조정전문가도 있다. 인간 삶의 무대는 정말 아이러니하다.

나는 전문가라는 호칭이 너무 쉽게 통용되는 우리 사회가 못마땅하다. 자칭 전문가라는 사람들이 활개 치는 세상이다. 전문가의 고지는 한량없이 높고 그 골은 깊다. 평생 높은 산을 찾아 올라야 한다. 요즘 젊은이들이 쉽게 하는 말이 있다. '한 곳에서 물을 파다 물이 안 나오면 다른 곳으로 옮겨가면서 땅을 파야 한다.'

• 2016. 8.

함께 사는 세상

커피점에서 바리스타로 일하는 지적장애 3급 장애인의 말이다. "장애인이라고 기피하던 손님이 최근 내가 만든 커피를 마시면서 정말 맛있다고 칭찬해 주셔서 세상을 다 가진 기분이었습니다." 사람으로 대접을 받았다는 의미다. 장애인은 같은 사람임에도 편견의 대상이 될 때가 있다.

장애의 원인과 형태는 한두 가지가 아니다. 눈에 보이는 장애는 식별이 쉽지만 보이지 않는 장애도 있다. 음식점에서 일하는 장애인은 전혀 장애인 같지가 않다. 겉으로 보기에는 잘생기고 아주 멀쩡하다.

그러나 장애인이라는 사실을 알게 된 후에는 대부분의 사람들은 찜찜하게 여기면서 자기도 모르게 경계상태로 변한다. 이 같은 현상이 나타나는 것은 우리의 유별난 생활문화 때문이다.

당신은 장애인에 대한 편견이 없는가, 라고 묻는다면 나는 솔직히 전혀 그렇지 않다고 장담할 자신이 없다. 평소 그런 분위기에서 살지 않았고 학습이 되어 있지 않아서다.

수년간 사회복지과 학생들을 가르치면서 이론과 실제의 틈이 너무 크다는 것을 실감할 때가 많았다. 졸업을 앞둔 여학생을 어린이 장애시설에 취업을 시켰더니 이틀도 못 채우고 돌아오는 경우를 보았다. 집에서 곱게 자란 여학생이 성치 못한 장애아들이 안아달라면서 매달리는 것도 힘들지만 밥 먹여주고 대소변 처리해야 하는 일을 도저히 감당할 수 없었다고 한다.

사회복지는 사랑과 봉사의 마음이 없으면 어렵다는 말을 여러 차례 하고 복지시설 현장에서 실습까지 시켰지만 현실에 부응하지 못한 것이다.

장애인이 만든 음료를 꺼리고 장애인이 사는 아파트 2층에서 보조기의 발 부분이 바닥에 닿아 나는 소리에 아래층 사람이 소음으로 못 살겠다며 고발하는 사태를 나무랄 수만은 없을 것 같다. 장애인과 더불어 사는 생활문화를 만들지 못한 소치다.

인구의 약 5%가 장애인이므로 어디를 가도 장애인을 많이 만난다. 한때는 장애인이 있는 가정에서 외부에 알리기를 꺼리는 경향이 있어 정확한 장애인 인구 파악조차 힘들었다. 그러나 지금은 장애인에 대한 다양한 복지혜택으로 장애사실이 자연 오픈되어 장애를 부끄럽게 여기지 않는 풍토가 조성되었다.

보통 장애인이라고 하면 선천적인 면을 생각하지만 후천적인 장애인이 더 많다. 교통사고나 각종 안전사고, 질병 등으로 장애를 안고 사는 사람들이 장애인의 90%를 차지한다.

바로 옆집에 초등학교 교사로 퇴직한 분이 있는데 척추 수술을 잘못 하는 바람에 멀쩡하던 사람이 장애인이 되어 두문불출이다. 같은 층 엘리베이터 문 옆에 놓여있는 전동휠체어를 볼 때마다 내일 일을 알 수 없는 인간의 무력함을 느끼면서 스스로 감사한 마음을 가질 때가 많다.

1981년 UN이 '국제 장애인의 해'를 채택한 것에 세계 각국이 영향을 받아 장애인복지서비스가 활기를 띠게 되었다. 우리나라도 1981년 '장애인복지법' 제정과 더불어 장애인복지와 관련한 법들을 부가 제정하여 장애인 복지를 제도적으로 보장하고 있다. 장애인도 여느 사람처럼 사회활동의 주체가 될 수 있다는 인식과 재활 의욕을 주기 위함이다.

여기서 우리가 깊이 생각해야 할 부분들이 있다. 장애인에 대한 여러 복지제도가 물량으로만 치우쳐 있고 비장애인들이 장애인들에게 갖는 인간적 대접에는 극히 소홀하고 있다는 점이다.

국가, 공공기관, 민간기업도 일정 규모 이상의 장애인 고용을 의무화하고 있지만 과연 장애인들이 보통 사람처럼 처우를 받고 있는지 생각해 볼 일이다. 아무리 제도가 잘되어 있다 하더라도 장애인이 여느 사람처럼 대우를 못 받는다면 문명사회가 아니다.

우리는 장애인을 장애우라고 하면서 말로는 친근감을 나타내는 척하지만 속마음에는 여전히 장애인에게 편견을 가지는 뭔가가 도사리고 있다.

이 복잡한 세상에 살면서 나도 장애인이 될 수 있다는 가정 아래 장애인도 우리와 같은 사람이란 것을 인식해야 한다. 쉽게 되지 않더라도 자꾸 학습해야 한다. 아이들에게도 가르쳐야 한다.

지하철을 타면서 전동차를 탄 장애인이 입구 쪽을 막고 있어 오르내리는 승객들이 힐끔거리며 불평하는 모습을 보면서 장애인도 공동사회의 일원으로 대접받으려면 에티켓을 지켜야 한다는 생각을 했다. 장애인들도 비장애인과 어울리려는 애씀과 그런 학습이 필요하다.

• 2016. 8.

딸들과의 외국 여행
먼 기억
불가사의
삶의 듦과 낢
스마트폰 인사
독백
접촉 사고
내일은 오늘이다
동산 계곡
가봐야 압니다
뿌리

딸들과의 외국 여행

단둘이 사는 아파트 공간에서 기대할 만한 변화는 없다. 나는 구피에게 밥을 주고 아내는 베란다 화단의 꽃과 나무들을 만지는 일로 하루를 시작한다. '오늘은 새날'이라는 기분으로. 약속한 일은 없지만 우리 부부가 각자의 일에 간섭하지 않게 된 것이 벌써 수년째다. 늦은 저녁, 차 한잔하면서 트인 마음으로 얘기를 나누며 공감하고 정보를 얻는다.

같은 아파트 구내에 살고 있는 큰딸이 오면 분위기가 조금씩 달라진다. 언제나 그랬듯이 딸은 나를 찬찬히 살피면서 내가 뭣을 바라는지 척척 알아서 해 준다. 찾는 물건이 집안 어디에 있는지 제 아비 어미보다 더 잘 안다. 모노레일 3호선이 오가는 길목 대형 아파트단지에 살고 있는 둘째 딸은 뭐가 그리 바쁜지 얼굴 보기가 어렵다. 딸들의 사는 모습은 성격만큼이나 다르다.

 말이 빠르지만 큰애는 느긋한 편이고 둘째는 속된 말로 약은 편이다. 5학년 제 딸이 회장 선거에는 못 나가게 하고 부회장만 내리 맡게 한다. 회장으로 당선된 아이 엄마가 반 전체 엄마들에게 점심을 사야 하는 것이 부담스럽다는 것이다. 늘 부회장만 하는 손녀는 불평이 많다. 나는 그저 속으로 웃을 뿐이다. 딸들은 제 아이들 뒤치다꺼리에 정신이 없어 보인다. 고교생 둘을 둔 첫째는 아이들 학교 데려다주고 학원 마치면 실어 나르고 밤늦은 시간까지 골몰에 차 있다. 늘 잠이 모자란단다. 중학생과 초교생을 둔 둘째도 바쁜 것은 매한가지다.

 '백암산방'의 액자가 가로 걸려있는 내 서재에는 아이 셋 어릴 때의 가족사진이 있다. 큰딸이 고1, 작은딸이 초등 6년, 막내아들이 4학년 때 찍은 것이다. 나이에 맞게 몸 크기와 키가 균형을 맞추고 있다. 숱한 세월에도 갓 찍은 것처럼 사진은 선명하다. 밝고 티 없는 아이들과 함께 있는 나와 아내의 젊은 모습을 보면서 감사와 행복이 교차한다. 나는 종종 그 사진 속 아이들과 눈을 맞춘다. 사람은 자주 만나야 정이 난다는 말들을 하는데 부모 자식 간도 그런 것 같다.

 대덕연구단지 연구소에서 일하는 아들은 아비 어미 생일 때나 명절이 아니면 보기 어렵다. 여느 집이나 다 그렇다고 하지만 뭔가 늘 비어있는 마음이다. 무소식이 희소식이요, 제 일에 열중하는 것은 좋지만 가족의 벽이 자꾸만 얇아지고 있다는 감을 떨쳐버릴 수 없다.

최근 아이들 사진을 보다가 딸을 데리고 휑하니 여행이라도 한 번 다녀왔으면 하는 생각이 퍼뜩 들었다. 가끔씩 큰딸과 함께 여행을 갔으면 하는 생각을 가질 때가 있었다. 어느 날 딸에게 외국 여행을 가지 않겠느냐고 넌지시 물었다. "경비는 아빠가 다 대겠다." 반색을 하며 제 동생 이야기를 꺼낸다. "그래 데리고 가자." 둘째에게 "아빠가 외국 여행 함께 가자고 한다." 했더니 갑자기 목메는 소리를 하더란다. 두 아이 어미지만 감격을 잘 하고 눈물이 많다. 할아버지, 할머니와 함께 외국 여행 간다고 하니까 5학년짜리 손녀가 따라가고 싶다고 야단을 떨었다고 했다.

다섯 식구가 4박 5일 베트남 여행길에 올랐다. 다낭, 후에, 호이안을 여행하면서 무엇보다 가족 간의 격을 좁히는 기회를 갖게 되어 좋았다. 40을 넘긴 두 딸과 여행하면서 여러 생각들이 떠오른다. 덤덤하게 지내온 날들을 반추하면서 아이 어릴 때, 젊은 날의 갖가지 일들이 파노라마가 되어 생생하게 다가온다. 마루방 귀퉁이에는 서예가 수암 선생의 작품인 두 칸짜리 병풍이 있다. 오른쪽 아랫부분을 때운 흔적이 뚜렷하다. 그것을 볼 때마다 큰아이를 나무라다가 병풍을 찢게 된 사연이 떠오른다.

버스에서 곡예하듯 내달리는 수많은 오토바이의 긴 행렬을 무료하게 내려다보면서 부모와 함께 여행하는 두 딸의 생각과 감정은 어떨지 궁금증이 들었다. 여행을 하면서 나는 그저 평소에 듣지 못한 두 딸들의 살아가는 이야기나 손자녀들의 공부 등 보통 사람들의 이야기를 주고받을 요량이었다. 하지만 이내 나의 생각들이 부질없음을 알게 되었다. 성인이 다 됐지만 내 앞에는 내 젊은 날의 어린 딸들이 있었고 그들 앞에는 옛 모습 그대로의 부모가 있었다. 많은 세월이 흘렀지만 아빠와 엄마, 두 딸은 매양 같은 자리에 있었던 것이다.

늘 그래왔지만 여행길에서도 큰딸의 부모에 대한 애틋함이 마음을 흡족게 한다. 딸들이 좋아하면 나도 좋았고 뭔가 원하는 것을 들어주고 싶었다. 뭐든 사라고 해도 모두 거절한다. 딸들이 자유롭게 쓰도록 얼마간의 돈을 줬다. 아깝지 않았고 마음이 즐거웠다. 여행지가 아니었다면 내게 그런 마음이 생겼을까. 부모·자식 간에도 이해관계가 따르는 것이 평상심이다.

아들보다 딸이 좋다는 말을 하는 사람들이 있다. 가족관계의 변화에 그 답이 있을 것 같다. 두 딸을 데리고 여행길에 오른 것은 여실히 드러나고 있는 의례적인 가족 간의 틀을 깨보려는 마음이었지만 나이 들어 뭔가 허전한 마음을 달래기 위함도 분명 있었으리라.

같은 버스로 투어하는 여행객들이 딸들과의 여행을 보면서 부러운 말들을 던지는 것도 싫지 않았다. 여행에서 남는 기억이 있다. 길이 5,801m나 되는 케이블카를 20여 분 타고 다다른 산정에서 식민지 시대 프랑스인들이 휴양지로 개발한 거대한 성과 성당 등 유럽풍의 건축물을 만난 것이다. 해발 1,500m 산꼭대기에 별장을 지은 당대 부유층의 무서운 힘을 상기하면서 식민지의 애환이 곳곳에 묻어 있는 흔적을 보며 마음이 잠시 무거워진다. 이곳 바나산 국립공원 Bana Hills은 베트남 유명 관광지로 널리 알려져 있다. 여행사 직원의 말이다. "요즘은 능력 있는 부모가 자식들을 데리고 여행하는 시댑니다." 그 말에 답하고 싶다. 나의 능력은 모든 자식들이 한결같이 내 안에서 살아있는 관계를 유지하는 것입니다.

• 2016. 8.

먼 기억

그때, 대구역 구내 기차 정비공장 옆에는 엄청 큰 물탱크가 있었다. 증기기관차에 주입하는 물 저장고였다. 첨성대를 닮은 시멘트 건조물은 어림잡아 20층 아파트 높이는 됐을 성싶다. 6·25 전쟁이 터진 뒤 대구·부산만 남겨두고 북한군이 점령하고 있었을 때였다. 간헐적으로 쿵쿵 지척을 울리는 포 소리가 나면 집 창문이 부르르 떨었다. 대구 시가지 중심지와 지척의 거리에 있는 물탱크 앞에 박격포탄이 떨어졌다는 소문이 자자했다.

대구가 먹히면 북한군이 삽시간에 부산까지 진입할 것이라는 우려 속에 전쟁의 마지막 보루인 칠곡 다부동에서는 밀고 밀리는 치열한 전투가 벌어지고 있었다. 박격포탄이 대구 근교까지 날아오면서 시민들은 불안한 밤을 지새우는 일이 많았다.

대구의 여름은 아스팔트길을 엿가락처럼 휘저어 놓았고 신 바닥에는 검은 콜타르가 예사로 엉켜 붙었다. 박격포 소리가 점점 가까워지면서 시민들은 남부여대하고 피란길에 올랐다. 이불과 솥 등 피란짐을 싸는 부모를 보면서 말로만 듣던 전쟁이 이런 것이구나 하는 생각을 했던 것 같다.

피란민들의 행렬이 점점 늘어나고 있음에도 대구는 안전하다는 라디오 방송이 계속 흘러나오고 있었다. 조그만 짐 보퉁이를 멘 나도 피란민 대열에 섞여있었다. 뚜렷한 목적지도 없이 무작정 남쪽으로 향하는 피란민들이 수성교를 막 건너려던 참이었다. 다리 위는 인산인해를 이루었고 한 걸음도 나아갈 수 없었다. 차장이 승객을 버스 안으로 마구 밀어 넣으면서 오라잇, 하던 만원 버스 풍경과 같았다.

무장한 헌병들이 지프차 위에 서서 호루라기를 불면서 피란민들의 앞길을 막고 있었다. 피란 안 가도 된다면서 안심하고 귀가하라는 소리가 스피커에서 계속 흘러나왔다. 헌병들이 허공을 향해 권총을 쏘아대면서 길을 막는 바람에 다리를 건너지 못하고 되돌아왔던 기억이 생생하다. 내 나이 10살쯤 됐을 때였다. 그 일이 있은 후 대구시민들은 피란 가는 일이 없었다.

다부동전적기념관을 찾은 일이 있다. 1950년 늦가을까지 동족간 피를 튀긴 전쟁터란 생각을 하면서 잠시 숙연해진다. 경내 이곳저곳에 전시되어 있는 전쟁의 흔적물을 하나하나 살피면서 상념 속에 빠져든다. 도대체 이념이란 무엇이며 왜 인간은 타인의 생각을 자기 생각에 맞추려고 하는 것일까. 전쟁 역시 인간 탐욕의 산물이 아닐까.

기록을 보면 북한군은 다부동 일대에 증강된 3개 사단을 투입, 약 2만 1천500명의 병력과 전차 20대, 각종 화기 670문을 동원하여 필사적인 공격을 해 왔다고 한다. 반면 아군은 전투 경험이 없는 학도병 500여 명을 포함, 7천600여 명의 병력과 127문의 화포가 있었을 뿐이었다. 비교할 수 없는 이 같은 상황에서도 다부동 전투가 성공할 수 있었던 것은 이곳이 나라의 운명을 가름하는 마지막 전쟁터였기 때문이다. 극한상황에 달하면 인간은 누구나 상상을 초월하는 힘을 발휘한다는 것이 여기서도 확인된 셈이다.

바로 이런 무기를 가지고 싸웠구나 되뇌면서 당시의 무기들을 꼼꼼히 살펴본다. 세월의 풍상을 초연한 듯 녹슨 탱크와 장갑차, 각종 장비들, 전투기들이 넓은 빈터 그늘진 곳에 묵직한 자세로 자리를 지키고 있다. 옛 무기들은 쇳덩이 고철이 되어 찬 느낌을 주지만 귀한 목숨을 초개로 버린 젊은 혼들의 뜨거운 열기가 가슴에 전해 온다.

전적기념비를 보기 위해 발걸음을 옮긴다. 공적비와 충혼비, 남의 나라 전쟁을 도우려다 산화한 미군의 넋을 기리기 위한 비석들이 소슬한 가을바람에 처연하게 서 있다. 내 마음을 저리게 한 것은 전사자의 이름이 새겨진 돌 벽이다. 같은 글씨체로 돌에 팬 이름들이 셀 수 없을 만큼 빽빽하다. 돌 벽 뒤쪽으로 잘 손질된 소나무가 젊은 혼들을 포근하게 감싸 안고 있었다. 돌판에 새겨진 이름들을 보면서 순간 내 젊은 날의 일들이 파노라마가 되어 다가온다.

1960대 중반 공무원이었던 나는 대구시청 사회과에 근무하고 있었다. 전몰군경 유가족 업무가 내 일의 중심이었다. 월남에서 전사한 장병들의 가족을 찾아 시장의 조위금을 전달하는 일은 고역 중의 고역이었다. 아들이나 남편을 잃고 설움에 잠긴 유가족을 안고 함께 눈물을 흘린 적도 여러 번 있었다.

매년 6월 6일이면 앞산 충혼탑에서 전몰장병을 위한 제사를 올렸다. 큰 제단에 올릴 제물을 준비하는 일에서부터 참배객들의 분향을 돕는 일 등 할 일이 많았다.

대형 제물을 만드는 일은 매우 힘든 작업이었다. 제물을 준비하고 제사상을 차리는 전문가를 수소문하는 것도 쉽지 않았다. 그런 일은 경험이 많은 노인들이 주로 맡았다. 그와 함께 서문시장을 돌면서 각종 재료를 구입하고 곁에서 제물 만드는 일을 보면서 그분의 손재주에 감탄하기도 했다. 조그마한 잣 하나하나를 아래에서 위로 차례차례 쌓아 올리면서 1m나 되는 탑 모양의 제물을 2,

3일이나 걸려가면서 만드는 작업은 거의 신기였다.

현충일 당일에는 소복 차림의 전몰 유족들이 빈자리 없이 모여들었고 그들의 울음소리가 앞산을 울렸다. 그 모습을 보면서 덩달아 눈시울을 적시곤 했다. 지금도 잊히지 않는 일이 있다. 현충일이면 한 번도 빠지지 않고 제단 앞자리에서 대성통곡하던 할머니가 있었다. 추념식이 진행되는 중에도 제단 위에 오르려고 하고 아무리 말려도 막무가내였다. 아마 자식을 잃은 한이 할머니의 정신을 흐리게 했을 것이다.

침울해진 마음을 안고 유학산에 올랐다. 전쟁의 상흔은 고사하고 등산객과 레저족이 붐빈다. 저 멀리서 모노레일 열차가 오만한 자세로 서서히 오고 있다. 낙동강의 물굽이가 햇볕에 반짝인다. 강물은 예나 지금이나 그대로 흐르고 있지만 사람도 가고 흐르는 물도 옛 물이 아니다. 세월의 흐름을 모르는 채 백로 한 쌍이 강 위를 유유자적 오르내리는 날갯짓에 괜스레 마음이 무겁다.

• 2016. 11.

불가사의

산다는 것은 세상 경험을 쌓아가는 것이다. 사람은 경험에서 지혜를 얻고 지식보다 지혜가 더 빛을 발할 때가 있다.

어머니는 따스한 볕이 드는 날이면 장독 주위 이리저리 자리를 옮기면서 물 흠뻑 젖은 행주로 크고 작은 장독을 닦았다. 빛을 받아 윤기 흐르는 장독들을 보면서 어머니의 손놀림에 작은 행복이 묻어 있음을 느꼈다. 어린 나도 덩달아 뭔가 마음이 평안하다는 생각을 했던 기억이 난다. 장독 손질을 마친 어머니는 늘 하듯이 장이 익어가는 큰 독 뚜껑을 열고는 손가락으로 장맛을 보곤 했다. 메줏덩이가 가라앉은 장독에는 숯과 빨간 고추가 엉켜 떠 있었다.

학생들에게 강의를 할 때 했던 말이다. "옛 어머니들이 장을 담

글 때 숯과 고추를 넣었다. 원리는 모르지만 그렇게 해야만 하는 걸로 알았고 그래야 장맛이 난다고 믿었다." 과학을 기초로 한 지식과 지혜의 차이는 이런 것이다.

지혜로운 삶은 인생을 더 값있게 한다. 사람의 얼굴 생김이 다르듯이 생각과 사는 방법도 천차만별이다. 서로 다른 이념과 가치의 혼돈 속에서 자기의 길을 찾기 위해 끝없는 노력을 해야 하고 예상치 못한 갈등을 만난다.

다양한 사회체제에서 자기 이념의 씨앗을 내리려면 숱한 복병들을 뛰어넘는 자기 방어가 필요하다. 인간 갈등의 치유와 완화는 인간 심리와 밀접한 관계가 있다. 부족한 자원의 보충과 인간관계의 개선 등은 체제의 환경변화를 유익 쪽으로 인도하는 양약이 될 수 있지만 이를 활용하지 못할 경우 더 깊은 수렁에 빠질 수도 있다. 사람들은 인간의 나약함을 극복하는 최고의 수단은 종교라고 생각한다. 하지만 종교 또한 사람이 만든 사회체제의 한 부분이므로 종교조직의 이념에 동화되지 못하면 문제해결에 접근하지 못한다. 종교가 보이지 않는 신을 빙자하여 사람을 미혹하는 경우를 허다하게 보게 된다. 종교마저 이럴진대 여타 사회체제야 말해 무엇하랴.

민주주의사회에서 강조되는 것은 서로 다른 체제 간의 조화다. 조화를 깨는 주원인은 인간의 탐욕에 있다. 지식과 지혜를 동원하여 나쁜 쪽으로 머리를 쓰는 것이다. 돈, 명예, 권력은 모든 사람이 추구하는 매력의 덩어리다. 이에 몰입하다 보면 필연적으로 사달을 만나게 된다. 신은 한 사람에게 모든 선물을 다 주지 않는다고 한다. 그럼에도 사람들은 눈에 보이는 것만이 인생의 최고 가치로 알고 불에 타 죽는 줄도 모르고 덤비는 부나비 같은 행동을 예사로 한다. 자신을 살피는 지혜를 망각하고 사는 것이다.

금수저니 흙수저니 하는 말이 유행처럼 번지고 있다. 갖지 못한 자가 세상을 향해 볼멘소리를 하는 것이라고 치부할 수도 있지만 넓고 크게 보면 인간사회의 불평등을 지적하는 것이다.

하지만 자유민주주의 경쟁체제에서 평등한 공유는 있을 수 없다. 흙수저가 은수저가 되고 금수저, 다이몬드 수저가 되는 기회가 제공되어 있을 뿐이다. 불평등의 평등화는 극히 어려운 과제다. 그렇게 해 주기를 바란다면 더 깊고 험한 갈등의 골을 건너야 하고 상처를 입게 된다.

가끔 나는 어떤 수저를 가지고 있는가 자문할 때가 있다. 작은 욕심이 있다면 내 이름 석 자만이라도 온전히 보전하고 싶은 마음이다. 지금까지 나는 흩트리지 않는 자신감과 하면 된다는 믿음을 가지고 사는 것이 옳다고만 생각해 왔다. 그러나 그것이 부질없는 교만이란 것을 최근 아주 작은 사건에서 터득하게 되었다.

거실문을 열어놓은 것이 문제였다. 간밤의 급작스런 추위에 열심히 키워 오던 열대어 수십 마리가 죽었다. 베란다 창문을 통해 낮 볕이 어항에 들어올 때 활발하게 몸놀림 하던 구피를 본 것이 몇 시간 전이었는데 이 같은 참담함을 보게 될 줄은 몰랐다.

관상용 구피를 키워온 지 3년이 넘어 고기 키우는 데는 자신이 붙었고 개체 수가 자꾸 늘어나면서 몇 차례 분양까지 했다. 물 온도계도 없이 순전히 경험과 눈대중으로 고기를 키워오면서 물이 차가워 죽는다는 생각은 아예 생각해 본 일이 없었다. 작년 겨울에도 그런 일이 없었는데 단지 베란다 큰 문을 닫지 않은 나의 조그만 실수가 가냘픈 몸매의 작은 열대어를 죽였다는 생각에 내내 마음이 편치 않았다.

살갑게 꼬리를 살레살레 흔들며 오르락내리락 유영하는 구피를 보는 즐거움을 다 잃어버렸다. 죽은 고기를 건져 올리면서 내 얄팍한 경험이 무지란 것과 자신감이 자만이란 것을 뒤늦게 깨닫게 되었다.

살아남은 몇 마리 구피를 위해 어항 청소를 깨끗이 하고 물 온도를 맞췄다. 속죄하는 마음으로. 살아있는 존재는 환경의 지배를 받기도 하고 지배하는 양면성을 가진다. 자연계나 인간사회가 마찬가지다. 자성하면서 겸손한 마음으로 자신을 담금질하면서 살아가겠다는 다짐을 한다. 불가사의, 늘 우리 곁에 있다.

• 2017. 2.

삶의 듦과 낢

역사는 형상물의 끝없는 조합이다. 생명이 있든 없든 존재를 인정해 주면 역사의 대상이 된다. 다만 주관성과 객관성이 조화를 이룰 수 있어야 한다. 고분 발굴에서 온전한 유물을 건지기 위해 디자인에서 출토까지 많은 시간이 걸린다는 것은 작은 호미와 붓으로 조금씩 조금씩 흙을 걷어내는 전문가들의 손끝에서 느낄 수 있다. 그들은 전에 살다 간 사람들의 흔적을 들여다보기 위해 찾으려는 대상을 짐작해 가면서 기대와 인내를 가지고 더디게 더디게 작업을 한다.

역사는 만들어졌고 만들어 가는 사람들이 남긴 흔적물이다. 어느 한 시대의 역사는 개인 삶이 모인 덩어리다. 정부의 주도로 만든 역사 교과서와 검인정 교과서를 두고 이념적 갈등이 끊이지 않는다. 나라가 통일된 하나의 역사를 가져야 한다는 말은 쉽게 하지만 힘센 자가 역사를 요리하고 재단하는 경우도 더러 생긴다.

역사에는 중용이 없다. 있는 그대로 본 대로 기록하여 보존해야 한다. 사람의 주관과 이기심이 역사 속에 스며들면 참 역사가 아니다. 아쉽게도 현실은 그렇지 못하다. 상반된 가치가 뒤섞여 역사가 다듬어지고 그것이 사람들의 의식 속에 자리 잡아 간다. 그래서 역사는 사람이 만들어 간다고 하는 것인지도 모른다.

인간은 삶의 모든 영역에서 맞추면서 살아가는 존재다. 여기서 다양한 문화가 만들어진다. 상반이란 개념에는 비교가 있고 세상의 이치, 즉 형상화할 수 있는 상대적인 것들이 복잡하게 얽혀 있다. 개인사를 비롯한 분야의 모든 역사에는 들고 남, 요철과 시소와 같은 이치가 담겨 있다. 채우고 버리고 얻고 잃으면서 사는 것이 우리다. 보이는 측면에서 크고 작음, 높고 낮음, 깊고 얕음 등 그리고 보이지는 않지만 분명히 있는 사랑과 미움, 선과 악, 이성과 감정 등 모든 것들이 서로 다름 속에서 자리하고 있는 것을 알 수 있다.

사람들의 생각이 다 다르지만 같이 살아야 할 공간을 가지려면 비교의 개념보다 이해와 양보, 겸손과 같은 덕목을 만들어 가야 한다. 중용은 어렵지만 같이 사는 지혜로 받아들여지는 것이다.

잊히지 않는 기억이 있다. 잘살던 한 가정이 순간적으로 깨진 것을 보면서 삶의 요철을 실감했다. 고교를 졸업하던 이듬해 어느 가정의 초등학교 아이 가정교사를 했다. 어렵던 시절이라 잘사는 그 집을 보면서 생활의 비교가 늘 마음을 어지럽혔다. 아이 아버지는 온순하고 선량해 보였지만 내 주장이 강한 집안이었다. 당시 외국 원조단체가 선교를 목적으로 교회의 유력자에게 무료급식소 운영을 맡기면서 옥수수, 밀가루 등을 공급해 주고 있었다. 외원물자가 양키시장이나 시중에 유출되던 것도 그때다.

오뉴월 여름, 깊게 홈이 파인 옷을 걸친 아이 어머니의 목에는 무거울 것 같은 긴 금목걸이가 늘어져 있었고 손목 팔찌에는 얇은 세공의 금줄이 움직일 때마다 달랑거렸다.

어느 날 길갓집인 그의 빈 점포에 침상이 놓였고 목과 온몸 여러 곳에 붕대를 감은 중년 남자가 누워 있는 것을 보았다. 당시 유행하던 시발택시사업을 하다가 치인 교통사고 피해자라는 소문이 자자했다. 보험제도가 없던 때라 환자를 집에 데려다 놓고 먹이고 뒷바라지를 해야 했던 것이다. 원조 물자를 사용화해서 돈을 벌었구나 하는 생각을 한 것은 한참 뒤다. 그 후 풍편으로 들은 얘기는 나를 더 침울하게 했다. 가정불화로 집안이 풍비박산, 식구들이 뿔뿔이 흩어지고 아이 아버지가 스스로 목숨을 끊었다는 것이다. 인간지사 새옹지마라 했던가. 한 가정사 이야기지만 여기에도 요철의 원리가 묻어있지 않을까. 내가 가르쳤던 그 아이는 지금 칠순의 나이를 훌쩍 넘겼을 것이다. 인생사의 요철을 생각한다면 선대에 흠집을 입은 후손들의 상처가 아물고 새살이 돋아났어야 한다. 자연의 섭리는 변함없지만 인간사회의 변화는 예측이 어렵다. 지식의 융합으로 문제를 풀어가는 제4의 산업사회가 오고 있다. 합合과 반反의 대결 속에서 합일점을 찾는 노력을 게을리하지 않도록 자신을 채찍질한다.

・2017. 3.

스마트폰 인사

여러 곳에서 새해 인사를 메일과 카카오톡으로 받았다. 앙증스런 이모티콘에 재미있게 곁들인 글을 보면 웃음이 나지만 반가움은 별로다. 같은 그림에 깔린 음악, 판에 박힌 글들이 대부분이라 감흥이 없다. 유행처럼 번지는 퍼 나르기 인사다.

잊지 않고 챙겨주는 이의 성의는 고맙지만 기계와 상품으로 덧씌운 글은 성의가 없고 따뜻한 마음이 없다.

스마트폰이 생활화되면서 나이 든 사람들도 문자 보내기, 카톡 날리기에 익숙해졌다. 반면 스마트폰 때문에 스트레스를 받는다는 사람들도 의외로 많다. 문자나 카톡 내용을 확인하지 않고 바로 지워버린다는 이도 꽤 있다. 삭제하는 것도 번거롭다고 푸념이다.

문자나 카톡보다 사람의 감정이 묻어 있는 전화 목소리가 듣고 싶다. 남의 것 옮기지 말고 단 몇 자라도 직접 써 준 글을 받고 싶다.

아내 친구가 이런 넋두리를 한다는 말을 들었다. "같은 모임의 멤버가 새벽마다 하루도 거르지 않고 복음 찬송을 가미한 긴 성경 구절을 보내주는데 처음에는 고맙다고 여기면서 듣고 보곤 했는데 이제는 짜증이 나고 질려 카톡 음만 울려도 신경이 모로 선다. 단박 보내지 말라고 하고 싶지만 그래도 나를 생각해서 보내주는데 상대방이 오해할까 봐 그러지 못하고 있다." 뭔가 정보의 이용이 잘못되고 있는 것이다.

정보의 효율성은 상대방에게 의사를 전달하고 동의를 얻는 데 있다. 남을 고려하지 않는 일방적인 말이나 글은 정보의 쓰레기에 불과하다. 우리 주변을 보라. 온갖 정보물이 세찬 바람에 휘몰리는 종이 나부랭이처럼 이리저리 뒹굴고 천대받고 있지 않는가.

원하지 않는 정보가 스마트폰에 들어와 혼란스러울 때가 많다. 거짓 정보도 있다. 필요한 정보를 찾아 유익하게 만드는 재주가 필요하다.

요즘 편지를 부치기 위해 우체국을 찾는 사람이 별로 없다. 어릴 때의 향수를 가져다주던 빨간 우체통도 도시 길목에서 드문드문 보일 뿐이다.

각종 모임을 알리는 수단도 문자 메일이나 카톡이 대신한다. 우편료도 안 들 뿐 아니라 금방 연락 여부가 체크된다. 구태여 스마트폰이 주는 장점을 들먹일 필요는 없지만 가장 큰 효용가치는 따로 있다. 스마트폰은 손에 들고 다니는 컴퓨터다.

전자세대인 젊은이들은 빠른 손놀림으로 저들 문화에 길든 별별 그림과 문자를 만들어 내지만 자판에 익숙하지 못한 세대들은 눈을 찡그려 가면서 아주 천천히 천천히 글을 만들어 간다. 맞춤법도 맞지 않고 띄어쓰기, 오자, 탈자도 수두룩하지만 점점 손끝이 부드러워진다. 재미를 붙인 어른들은 친구에게 서로 안부를 전하면서 스마트폰과 친밀해진다. 정보시대에 익숙해지는 모습이다.

스마트폰 글짓기에 재미를 붙인 시어머니가 며느리에게 처음 문자를 날렸을 때 축하해 주던 며느리가 이제는 카톡으로 이래저래 간섭하고 즉답을 요구하니 죽을 지경이라 아예 카톡을 닫고 있다는 말도 들은 적이 있다.

그런 일도 있겠지만 눈에 가물가물한 자판을 조심스럽게 만져 가며 하나하나 글을 만들어 내는 어른들에게 박수를 보내야 하지 않을까. 나이 들어서도 한글을 읽고 쓰는 애국자요 아마추어 문장가라고 띄워주고 싶다.

자기의 생각을 글로 표현하는 일은 쉽지가 않다. 그러나 평상시 쓰는 말을 군더더기 없이 문자로 대신한다는 생각을 가지는 그 자체가 중요한 것이다.

  어른들이 스마트폰으로 문장을 만들 버릇을 하면 그 상승효과는 아주 크다고 생각된다. 글을 쓰면 함부로 말하듯 하지 않고 좋은 낱말을 골라 쓰려는 습관을 갖게 되어 개인 정서에 좋은 영향을 주게 된다. 자음·모음을 맞추면서 생각을 집중하므로 치매를 막게 해주는 효과도 분명히 있을 것이다. 또 메일이나 카톡을 받는 수신자는 글을 읽으면서 보내는 이를 생각하는 기회를 함께 가질 수 있다.

  문제는 스마트폰 예의를 지키는 일이다. 편지를 쓸 때 마음에 들지 않으면 여러 번 고쳐 쓰는 것처럼 스마트폰 글도 상대방의 마음이 상치 않도록 좋은 말을 글로 쓰는 습관을 가져야 한다. 편지와 다르다고 쉽게 여기면서 마구 날려 보내는 글은 상대방의 마음을 손상시킨다. 정보기기와 인간의 정서를 조화할 수 있는 방향으로 스마트폰을 이용했으면 좋겠다.

• 2018. 1.

독백

　사람은 사회적·정치적인 존재다. 공존하면서도 자기 유익을 끊임없이 추구한다. 인간사회의 조화를 깨뜨리는 탐욕은 지나친 욕구에서 비롯된다. 욕구는 생산적인 측면도 있지만 사회성을 저버린 개인 욕구의 총화는 공익을 저해한다. 이 같은 역기능을 제어하기 위해 많은 대안들을 내놓고 있지만 완벽한 만족을 찾기 어렵다.

　누구든 인간 행위의 근저에는 자기 성취를 위한 크고 작은 욕구의 찌꺼기가 항상 잠재해 있다. 상황의 좋고 나쁨을 떠나 사회의 각 체제는 구성원의 만족을 최대화하기 위해 최선의 자연적·물리적 환경 조성에 힘쓴다. 보다 나은 체제를 유지하는 한편 개인 욕구 충족을 뒷받침하기 위함이다. 긍정적인 사회체제의 변화는 인간행태에 달려 있다.

체제 유지의 난제는 어떤 방법으로 구성원들에게 공동선을 위한 보편적인 가치를 심어 주느냐 하는 것이다. 성선설이나 성악설을 따질 필요가 없이 인간은 원천적으로 자기중심적이므로 심성에 변화를 주는 것이 중요하다. 그러나 쉽지 않은 일이다.

경쟁사회에서 긴장하고 있는 인간의 본성을 위무하여 새로운 가치의 길로 인도하는 종교나 철학자나 사상가의 조언도 큰 도움을 주지 못할 때가 있다. 인간의 이기심을 극복하는 한계 때문이다. 어떻든 인간이 존재하는 한 최대다수가 지향하는 공동선을 얻기 위한 최대공약수를 찾으려는 노력을 게을리할 수는 없는 것이다. 인간에게 주어진 숙명이다. 지각 있는 사람이라면 누구나 자기 삶을 반추하면서 한 번뿐인 생에서 무언가를 남기고 싶다는 생각을 할 것이다.

사람이 동물과 다른 점은 무엇일까. 동물의 욕구는 오로지 종족 보존에 있다. 사람도 동물과에 속하지만 구태여 그것과 다른 점을 찾는다면 이성과 감성을 갖고 있다는 점일 것이다. 인간의 탐욕은 동물성의 뿌리에 이성을 가미한 데서 출발한다. 이성의 잘못된 구사는 공동체를 흔드는 악의 존재로 그 끝은 측정하기 어렵다. 동물이 새끼를 정성껏 키우고 돌보는 것은 감성의 작동이라고 이해할 수 있다.

동물에게도 이성이 있는지 과학적으로 확인된 바 듣지 못했지만 인간만이 가지는 이성의 의미에는 합리성이 중첩되어 있다. 이성과 감성은 상반되는 개념 같지만 꼭 그렇지만은 않다. 이 양자는 끊임없는 조화의 순환이다. 이성이 합리성을 바탕으로 인간사회를 유지해 나가는 기본 틀을 만들어 간다면 감성은 이성이 특정한 영역의 범위를 유월할 때 제어하고 때로는 윤활유의 역할도 하지 않을까 생각한다. 말하자면 감성의 작동이 이성의 활동 범위를 확정 짓게 되는 것이다.

이성과 감성의 비율조정은 극히 어려운 일이다. 상황에 따라 차이가 있고 사람에 따라 다르다. 분명한 것은 이성과 감성의 조화가 크게 엇박자를 낼 때 인간의 탐욕이 작동하기 시작한다는 것이다. 인간의 사회성에는 정치성이 녹아 있다. 눈여겨보면 대부분의 인간행태는 사회성보다 정치성이 더 짙다. 공동사회에서 야기되는 갈등의 근본적 원인은 과도한 욕구의 정치성이 이성과 감성을 도외시하는 데서 출발한다. 따라서 바람직한 공존 사회를 유지하기 위해서는 개인적 욕구가 타방의 이익을 침해하는 것을 차단하기 위한 합리적 장치가 요구되는 것이다. 사회계약설에 기초한 여러 규범들이 이에 속한다.

규범은 인간의 욕구 이탈을 강제하는 수단이다. 탐욕과 갈등은 어느 순간에도 그 작동을 멈추지 않는다. 아마도 인류의 존재와 같이할 것이다. 어떤 경우든 문제 해결의 해답은 사회성과 감성의 비율을 조화하는 데서 찾아야 한다. 흔히 인간심리의 변화를 야누스론으로 설명하고 있지만 이를 능가할 수 있는 노력은 결국 인간들의 몫이다. 인간을 변화시키는 귀중한 덕목으로 종교가 있지만 종교의 가치에도 탐욕이 묻어 있다. 그렇지만 종교가 인간 삶에 귀중한 가치를 부여하는 최선의 체제임을 부인할 수는 없다.

  나는 공동체 구성원이 가져야 할 덕목으로 교육을 들고 싶다. 인간의 속마음에서 스스로 자기제어를 할 수 있는 학습적 훈련이 있어야 함을 주장한다. 보조수단으로 종교도 있고 자기 단련의 수양방법도 있을 것이다. 모든 행위의 주체는 자신이다. 누구에게나 마음속에는 옳고 그름을 판단하는 자기 통제력이 있다. 그것을 사회적 공명으로 끄집어내어야 한다.

· 2018. 4.

접촉 사고

조수석의 아내가 얼굴을 붉히며 짜증을 낸다. "남의 일에 끼어들지 말라고 신신당부했는데도 왜 말을 안 들어요?"

자동차 접촉 사고가 났다. 복잡한 도로라서 천천히 직진하고 있는데 앞서 가는 영업용 택시기사가 담배꽁초를 차도에 슬며시 던진다. 실연기가 도로 위로 흩어진다. 나도 모르게 클랙슨에 손이 갔다. 앞 차에 눈을 주면서 오른쪽으로 차선을 바꾸는 순간 뒤따르던 소형차 왼쪽 범퍼 부분을 스쳤다. '내가 잘못했구나. 또 차선 바꾸기 접촉 사고를 내다니.' 매양 같은 사고를 내는 자신을 꾸짖는다.

경미한 접촉이었지만 범퍼 전체를 새것으로 교체해 주고 긁힌 내 차를 정비공장에 맡기면서 생각이 뒤죽박죽이다.

왜 남의 일에 또 끼어들었을까, 아내에게 약속하고 자신에게 몇 번이나 다짐해 놓고선. 흐트러진 것을 못 참는 나의 허접한 성격이 엉뚱한 화를 만들고 있는 것이다. 벽에 걸린 그림이 조금만 비뚤어져 있어도 바로 잡아야 직성이 풀리고 그것을 최선으로 아는 것이 바로 나다.

아내는 늘 걱정이다. 약자를 돕는다고 참견하거나 또래의 아이들이 담배 피우는 일, 지하철 탈 때 새치기하는 사람들을 예사로 못 보는 것 등 한두 가지가 아니다.

요즘 이유 없이 사람을 해치는 사건이 자주 일어나고 있다. 사회 부적응자의 짓이라고들 하지만 언제 무슨 일을 당할지 모른다. 골목 어귀에 청소년들이 모여 있는 것만 봐도 뭔가 불안하다. 누구에게 길을 물어도 피하고 경계부터 한다. 같은 아파트에 살면서 엘리베이터 안에서도 서로 눈길을 피한다. 사회공동체의 끈이 스스럼없이 풀어지고 있는 것을 어디서나 쉽게 볼 수 있다.

얼마 전 인도 여행을 하면서 질서와 배려가 무엇인지 쉽게 체험할 수 있는 기회가 있었다. 인구가 많은 나라인지라 어디를 가도 복잡했지만 무질서한 가운데서도 그들 특유의 질서가 있었다.

'도시는 선이다'라는 학습된 평소의 관념이 모두 날아가 버린다. 4차선은 됨 직한 꽤 넓은 도로인데도 차선을 구별하는 흰색 줄이 보이지 않는다. 거리에는 사람들의 바쁜 움직임, 자동차, 자전거형 인력거, 말이나 낙타가 끄는 달구지가 뒤섞여 혼잡을 이루고 심지어 주인 없는 소들이 어슬렁거린다. 개들도 끼어 있다. 그런데도 모두가 제 갈 길을 잘 간다.

마침 검은 소 한 마리가 내가 탄 인력거 가까이에 다가왔다. 길을 걷는 인도인들이 하는 것처럼 소의 등을 툭 쳐 보았지만 거들떠보지도 않는다. 소도 인도인을 닮았다.

일제 소형차들이 많이 보인다. 도로가 복잡해서 그런지 사람들이 큰 차를 피하고 있는 것 같다. 차선이 없는 이유를 나중에서야 알았다. 지정 차선이나 보행로를 따로 두면 그 많은 교통량을 소화할 수 없는 것이다. 그래서 사람이나 짐승이나 모두가 알아서 처신한다. 자동차가 뒤에 붙으면 사람이나 인력거가 피해 주고 사람이나 소가 지나가면 가던 차도 멎는다. 이를 반복하면서 모두가 잽싸게 행동한다. 13억여 인구가 그렇게 살아가고 있는 것은 배려와 양보 때문일 것이라는 생각이 들었다.

아무리 좋은 법과 제도가 있다 하더라도 받아들이지 않으면 무용지물이다. 물리적인 질서는 한계가 있다. 과태료나 벌금 등 물질적 제재는 일시적이며 거부감을 만든다. 제도가 사람의 행위를 묶으려 들면 사회변화에 대처하기 어렵다. 자각을 일깨워 주는 것이 중요하다.

좋은 사회를 만들어 가고자 하는 마음, 후손에게 아름다운 삶의 맥을 물려주기 위해 모두가 참여하는 배려와 질서 이벤트를 만들어 갈 수는 없을까. 수많은 사회단체들이 있지만 국민정신을 바로잡아주기 위해 애쓰는 단체는 안 보인다.

1960년대 중반 우리 생활 변화에 힘을 실어 준 도덕재무장운동이 새삼 떠오른다. 질서는 법에 앞서는 인간의 최고 최상의 덕목이다.

적폐가 별건가. 개인의 잘못된 생각이나 행동이 함께 살아가는 사회를 오염시키고 허무는 일이 계속되면 이것이 엉켜 적폐가 된다.

오래 묵어 켜켜이 쌓여 온 무질서의 생활 둔감을 떨쳐 버리는 캠페인이 필요하다. 질서와 배려를 몸에 배게 하는 사회행동을 촛불운동과 같은 방법으로 승화할 수는 없을까.

• 2018. 4.

내일은 오늘이다

'오늘은 새날이다' 나의 첫 번째 수필집 제목이다. 눈을 뜨면 매양 찾아오는 오늘은 똑같은 날이지만 새로운 날로 받아들이겠다는 결기로 그렇게 이름을 붙였다. 살아온 날들을 반추하면서 뭔가 아쉽고 충족되지 못한 일상에서 벗어나고자 하는 마음에서 책명이 그랬던 것 같다.

지난날 숱한 오늘을 맞이하고 보내면서 나는 그저 같은 날로 생각했을 뿐 별다른 의미를 갖지 않았다.

나의 첫 직장인 공무원 생활은 지금과는 아주 달랐다. 야근을 수월찮게 했고 집에까지 일거리를 가지고 와서 밤을 새웠다. 일이 많기도 했지만 성취욕 때문이었을 것이다.

공직사회의 틀에서 벗어나지 않는다는 나대로의 철칙과 일에 대한 보람은 내 삶의 중심적 가치였다. 나의 일은 어려운 계층을 돕는 것이었다. 하루 내내 영세민, 걸인, 부랑아 등에게 시달리는 일이 다반사였다.

퇴직한 시 공무원들의 모임인 '대구시행정동우회'는 다른 여느 직장보다 규모가 크고 회원들이 많다. 나라 발전에 기여했다는 자부심을 가지면서 시 행정에 자문하고 동료애를 굳힌다.

동우회의 취미 서클인 '문인회' 멤버로서 나는 또 다른 좋은 경험을 맞고 있다. 고희를 훨씬 넘긴 나이에도 왕성한 의욕으로 자체 발간 연간집에 시, 수필, 생활 단상, 사진, 서예 등 문예활동에 전념하는 동료들의 모습이 참 보기 좋다. 간부 출신 공무원들의 과거 열정을 다시 보는 것 같다.

대구시청은 여인네가 친정을 그리워하듯 늘 내 마음속에 있다. 주경야독으로 나의 뜻을 영글게 한 곳이다.

30대 후반의 직장, 대학은 개성을 발휘할 수 있는 두 번째 일터였다. 역할은 달랐으나 오늘에 충실하려는 마음은 여전했다. 고객인 학생들에게 만족을 줘야 한다는 일념으로 가르치고 연구하는 하루하루는 내게는 오늘의 연장선이었다.

공직 생활 43년, 눈 뜨면 찾아오는 오늘에 최선을 다하면서 무리 없이 살아온 것은 내게 큰 행운이고 축복이었다. 지금도 그저 감사한 마음이다.

나는 새날인 오늘을 반긴다. 새벽 까치 소리에 보고 싶은 손님이 오실지 기다리는 마음이다. 나의 오늘은 그저 오는 날이 아닌 준비하여 맞이하는 새날이다. 새날의 그릇에는 예측 가능하고 불가능한 가치가 무한 담겨 있다.

일간지에 《매일신문》도 있고 《내일신문》도 있다. 둘 다 시간의 격간이 있지만 비슷한 알 거리를 준다는 의미에서 매일이나 내일이나 동질적 개념이다. 매일은 오늘과 닮았고 내일은 새날이 되는 오늘이다.

'지금도 오늘을 새날로 받아들이느냐'고 내게 묻는다면 역시 예스다. 관념상 시간을 과거와 현재 미래로 묶는다면 그 맥락은 한 줄이다. 어제가 있으므로 오늘이 있고 또 내일이 있다. 이 연속된 고리가 세월이고 역사다.

미래의 시작인 내일은 오늘과 한 끈이지만 불가사의한 간격이 있다. 미래는 어제와 오늘보다 시간 개념상 위에 있다. 힘들어하면서도 삶을 버리지 못하는 것은 내일의 기대 때문이다. 내일은 기다림이요 바람이요 희망이다.

사람은 궁극적으로 내일을 모르고 산다. 의사가 포기하라고 했지만 여러 차례 수술을 거치면서 식물인간으로 두 해 동안 누워있는 부인을 자리에서 일으킨 실화를 듣고 가슴이 뭉클했다.

남편이 흘린 뜨거운 눈물 한 방울이 환자의 얼굴에 떨어졌을 때

환자의 의식이 깨어났다는 『눈물 한 방울』이란 책을 우연히 읽은 그가 부인을 살릴 수 있다는 희망으로 이뤄낸 쾌거였다.

전혀 가능성이 없다는 의사의 말에도 남편은 긴 숙면 속에 갇힌 아내의 가느다란 숨소리를 들으면서 내일을 맞이하고 하루를 또 새로운 날로 아껴 쓰는 부드러운 인간형의 모습을 보여준다.

어제는 돌아오지 않는 과거요 반복되어 맞이하는 내일은 또 오늘이다. 어제와 내일을 오늘 속에 담아가면서 지혜롭게 살고 싶다.

• 2018. 5.

동산 계곡

 계곡에는 예상외로 물이 많지는 않았다. 비가 온 지 얼마 되지 않았는데 기대와는 다르다. 높은 곳의 물줄기가 말랐는가. 흐르는 물소리를 듣고 발을 담가 볼 요량으로 짬을 냈는데 기대가 허물어진다.
 맑은 날 볕이 잘 드는 날이면 골짜기의 물소리가 그립다. 물살이 약한 윗물을 향해 치솟는 피라미들의 날렵한 몸짓이 눈에 어른거린다. 여름 하루 가족과 간편하게 즐길 수 있는 휴식처는 계곡이 으뜸이다.
 계곡 위에서 아래로 내려오면서 간격을 두고 몇 군데 둑을 만들어 놓은 것이 보인다. 소규모 사방공사라는 푯말이 서 있다. 적당한 돌과 나무등치를 새끼로 얽어 자연을 살리려고 애쓴 흔적이 보인다. 급류에 잡목이나 쓰레기가 내려가지 못하도록 만든 것 같지만 계곡 아래의 논밭을 보호하기 위한 공사란 것을 뒤늦게 알았다.

바닥끝이 어딘지 모를 드러나 있는 큰 바위를 가로질러 움푹 팬 곳에서 물거품을 내며 모았다가 흘려보내는 계곡물 그대로의 모습을 보지 못해 아쉽다. 곳곳에는 계곡 형세의 들고 낢에 따라 물이 고인 곳도 있고 작은 물줄기가 낙하하는 곳도 있다. 아이들이 작은 폭포라고 할 만한 것이 여러 개 보인다.

군위에 있는 동산계곡은 아직 많이 알려지지 않은 탓인지 오다가다 하는 비 때문인지 그날은 피서객이 많지 않았다. 오염되고 붐비는 팔공산 수태골을 피해 이곳으로 오는 피서객들이 해마다 늘어나고 있다고 한다. 이 계곡이 병들면 도시인들은 또 어디로 갈까. 계곡 사방 둔치에는 각양각색의 텐트가 줄을 이었다. 아이들의 청량한 재잘거림이 골짜기에 번진다.

예전 경대 뒷산 주위는 온통 논밭이었다. 건물이라곤 원두막이 고작이었다. 잠자리 잡는 일에 매료되어 학교 수업을 마치면 다섯 살 아래 조카를 데리고 줄달음쳤다. 집에서 꽤 먼 거리인데도 예사였다. 왕잠자리가 많은 곳은 풀 섶이 우거진 웅덩이다. 논밭 주변에는 어디를 가도 웅덩이가 많았다.

가느다란 줄기에 얹힌 커다란 연잎은 바람이 조금만 불어도 이리저리 흔들거린다. 키 낮은 연잎 사이에는 소담스럽지만 풍성한 맵시의 연꽃이 수줍게 고개를 내민다. 피고 덜 핀 연꽃 사이 진녹색 연잎에는 물 구슬이 햇살을 받아 영롱하다. 야릇한 모양새로 암컷을 등에 업은 눈 큰 잠자리는 물 주위를 빙빙 돌다가 언제나 앉는 자리는 연잎이다. 바람에 미동하는 연잎 위에서 벌이는 사랑놀이가 좋은가 보다.

잠자리를 잡기 위해 웅덩이에 들어갔다가 죽을 뻔한 기억이 있다. 둥근 철사 테에 사각 모양으로 실로 엮어 손수 만든 잠자리채를 들고 살며시 웅덩이에 발을 내렸더니 이게 웬일인가. 발이 푹 빠진다. 뻘에 갇힌 발을 빼내기도 힘들었고 몸이 자꾸 물속으로 빠져들어 갔다. 팔을 내저으며 허우적거리니 철없는 조카는 장난인 줄 알고 손뼉까지 치면서 웃고 야단이다. 일찍 세상을 등진 그 고종조카 생각이 날 때가 가끔 있다.

어쩌다 살아났지만 나는 그 뒤부터 물이 겁났다. 지금도 수영을 못한다. 어릴적 점을 치고 온 어머니는 "물 가까이 가지 말라."는 당부를 몇 번씩이나 했다.

언저리 너른 바위에 앉아 갑작스레 소나기가 퍼부으면 산허리 상류에서 물이 쏟아질 것이라는 엉뚱한 상상을 해 본다. 불어나는 골짜기 물이 위험하다는 말을 많이 들어서다. 계곡 사이사이 띄엄띄엄 보이는 이끼 실은 돌과 얕은 고인 물에 어지럽게 떠 있는 부유물을 보면서 큰물로 계곡이 말끔히 씻겼으면 좋겠다는 생각을 한다.

쉬다 또 내리는 잔비에도 물놀이하는 사람들은 모두가 즐거운 모습이다. 계곡 아래로 내려가 본다. 숲 가 이곳저곳에 깡통, 수박 껍데기, 비닐 등이 아무렇게나 흩어져 있다. 하루살이 같은 날 벌레가 어지럽게 위아래로 오르내린다. 생활 여건은 좋아지고 있는데 도덕 불감증을 씻어내지 못하고 있는 우리네들을 보면서 마음이 언짢다.

여름 계곡은 도시민들의 숨구멍이다. 미세먼지에 스트레스를 호소하는 어른들과 아토피에 답답해하는 아이들에게는 계곡놀이가 청량제다. 물이 있어야 할 계곡이 메말라 있으면 정말 보기 싫다. 지방시대, 도시 근교의 지방자치단체장은 자연이 준 계곡을 치곡치수治谷治水하여 도시민들을 유인하는 방책을 찾아보는 것이 어떨까.

계곡을 좋아하는 도시 피서객들이 날로 늘어나고 있다. 도로 호강에 겨워선지 남의 일이라 그런지는 몰라도 요즘 사람들은 하루 종일 차가 몇 대 안 다닐 것 같은 심신산골 어디를 가도 말끔히 포장된 것을 보고는 "지역 수장의 과욕"이라고 한마디씩 툭 던진다. 나무랄 수 없는 말이다.

큰돈이 생기는 일은 아니겠지만 잘 관리된 계곡은 지역 방문객에게 좋은 이미지를 심어 줄 것이다. 나는 아직도 물에 들어가는 것이 겁나지만 보는 것은 즐겁다. 요산요수樂山樂水 말이 있지 않은가. 골짜기에 물이 있어야 계곡이다. 때로는 빠르게 때로는 천천히 또 물을 모았다가 흘려보내는 시원함을 주는 계곡이 나는 좋다.

• 2018. 6.

가봐야 압니다

인도 여행 중 버스 투어에서 가이드는 "가봐야 압니다."라는 말을 예사로 한다. 거리나 시간 걸림의 궁금증에 대한 대답치고는 영 성의가 없다. 그러나 이내 그 말의 참뜻을 알게 되었다.

6차선이 됨 직한 도로에는 차선이 보이지 않는다. 사람, 자동차, 발로 움직이는 자전거형 인력거, 어슬렁거리는 소, 개까지 섞여 긴 행렬의 움직임이 혼돈의 굴곡을 이룬다. 인도 인구가 많다는 것은 아는 사실이었지만 도로 정황이 이 같을 줄은 전혀 예상하지 못했다.

오전인데도 태양의 희뿌연 빛은 사위로 흩어져 더위를 실어 오고 바람은 있는지 없는지 감이 없다. 차선이 없는 이유를 나중에서야 알았다. 보도를 따로 만들고 선을 그어 교통통제를 한다는 것은 인도에서는 가당치 않은 일인 것이다. 그러나 사람도 자동차도 짐승도 제 갈 길을 잘 가고 있다.

소형자동차가 많이 보이는 것도 도로 사정 때문일 것이라고 지레짐작해 본다. 클랙슨을 사용하지 않아도 차 소리가 나면 사람도 인력거도 달구지도 비켜 가고 자동차는 자주자주 멈춰 가면서 길을 내준다. 주인 없이 떠도는 소들도 마찬가지다. 배려가 몸에 익었다. 13억 넘는 인구가 살아가는 지혜다. 문명이 사람을 편하게만 하는 것이 아니라는 아이러니를 인도에서 체험한다. 가이드는 무질서 속에서 질서를 유지할 수 있는 것이 인도정신이라는 말을 되풀이한다. 그의 말에 인도인의 자긍심이 묻어 있다. 한국에서 석사학위를 받았다는 가이드는 우리말이 유창했다. 땅딸한 키에 다부져 보인다. 고생고생으로 알바해 가면서 공부했다는 그는 여느 여행 가이드와 다른 점이 보인다. 군데군데 학문적 용어를 구사하면서 역사를 더듬어 가는 폼은 누구에게나 호감과 신뢰감을 준다. 사람을 휘어잡는 말솜씨가 대단하여 여행객들을 들었다 놨다 하며 웃긴다.

외국인이 한국말을 잘하는 것은 개인의 노력이지만 한국의 위상이 높아지고 있다는 반증이기도 하다. 여행에서 만난 가이드는 시간이 지나면 잊히지만 그의 인상은 꽤 오래 남을 것 같다.

버스 투어를 하면서 행선지를 바꾸어 이동하는 데 보통 너덧 시간은 족히 걸린다. 바깥 열기가 버스 안까지 들어온다. "다 와 갑니까?" 한 여행객의 물음에 "가봐야 압니다." 모두가 박장대소다.

도시 속의 유적지 관람은 고역이다. 수도 델리를 중심으로 아그라, 자이푸르, 바라나시 등 이름난 유적지 어디를 가도 사람 범벅이다. 외국인보다 인도 사람들이 더 많다. 머리에 두건을 감거나 원색 옷을 입은 사람들이 더러 있지만 누더기 망토 같은 옷을 걸친 사람들이 더 많이 보인다. 이곳에는 아직도 카스트 문화가 남아 있다고 한다.

갠지스강 일출을 보기 위해 서둘러 나온 탓인지 거리가 한산하다. 길 건너 골목 어귀에 소 두 마리가 먹을 것을 찾기 위해 뭔가 뒤적이고 있다. 암소는 젖을 내니 집에서 보호받지만 떠돌아다니는 소는 수컷이라고 하니 웃음이 절로 난다.

갠지스강의 새벽은 조용했다. 여명 전이라 긴 강줄기의 끝이 어디로 향하는지 보이지 않는다. 수백 년 넘게 보이는 시커먼 건물들이 서 있는 강가 이곳저곳에서 검은 연기를 품은 불꽃이 활활 타오르고 있다. 갠지스의 다비 모습이다. 흰옷을 입은 사람들이 오락가락하고 경 읽는 소리가 끊이지 않는다. 염불 같은데 느낌이 조금 다르다.

인도하면 불교 나라라는 선입관이 잘못인 것을 알게 되었다. 80% 이상이 힌두교 신자이며 불교를 믿는 사람은 소수라는 것이다. 다신교인 힌두교에서 석가모니가 체계적인 종교로 승화시킨 것이 불교라는 것도 어렴풋하게나마 이해하게 되었다.

"인도인들이 갠지스강에 뼛가루를 뿌리고 그곳에서 목욕도 하고 빨래를 하지만 강바닥에는 또 다른 물길이 있어 강이 절대 오염되지 않는다."는 가이드의 말을 들으면서 중학 시절 갠지스강이 세계 문명 발상지였다는 기억을 더듬는다.

삐걱거리는 목선 위에서 해 뜨는 장면을 본다. 강 저 멀리 수평선 끝자락에서 불그스레한 엷은 빛이 천천히 퍼지더니 조그만 점 하나가 올라와 금방 동전만 해진다. 떠오르는 태양을 보면 가슴이 뜨거워진다. 수천 년 전 이곳 갠지스강에 지금과 같은 해가 떠올랐을 것이라는 생각을 하면서 영겁을 머리에 담는다.

무슨 말인지는 몰라도 그 의미를 알 것 같은 경 읊는 소리, 타오르는 다비의 검붉은 불꽃을 보면서 잠시 숙연해진다. '아무도 앞날의 일은 모르면서 사는 것'이 우리 인생이다. "가봐야 압니다." 인생길도 그렇다.

• 2018. 6.

뿌리

달서구 상인동에 있는 월곡역사박물관은 한 가문의 혼과 덕이 깃든 곳이다. 청소년 교육 학습 현장으로도 이름이 나 있다. 임진왜란 당시 의병을 일으킨 우배선 선생에 관한 많은 자료들이 전시되어 있기 때문이다.

장지산의 아름드리 노송들이 줄지은 이곳은 경관이 좋은 탓도 있지만 근거리에 밀집되어 있는 아파트 주민들이 휴식공간으로 많이 찾는다. 크지 않은 공원이지만 주변의 산책로와 신경을 써 만든 조경시설들은 도시민들의 답답한 가슴을 열어주는 데 모자람이 없다.

대구시티투어의 도심 순환코스로도 각광을 받고 있다. 의병활동의 귀중한 자료와 유물들이 잘 보존되어 있어서다. 지하철 이용이 편해 가끔 이곳을 들를 때마다 조상이 남긴 각종 유품과 수많은 장서를 잘 간수하여 은연중 가문을 자랑하고 있는 후손들의 지혜가 놀랍다.

한때 문중 선산이 있었던 이곳이 급작스런 도시화로 아파트가 줄이어 들어서면서 도시의 중심지가 되었다. 조상의 음덕이 후세들을 크게 돕고 있다는 말도 심심찮게 들린다. 많은 보상금을 받아 대학에 입학하는 후손들의 등록금을 대어 준다는 말도 있다. 가문의 인재를 키우는 장학 사업이 부럽기만 하다.

60년대 말 대구시청 공무원이었을 때 월배에는 논이 많았다. 당시 시립희망원은 성당동에 있었다. 월배에서 논농사를 하면서 희망원에 출퇴근하던 50대 초반의 우 씨는 상당한 거리임에도 자전거로 출퇴근하고 있었다. 전형적인 농군인 그의 논이 상전벽해로 금싸라기가 되었는데 그가 남긴 재산을 후손이 어떻게 관리하고 있을까 엉뚱한 생각을 해 본다.

요즘 사람들 중에 먼 윗대 조상을 순간이라도 생각하는 이들이 얼마나 있을까. 본本이 어딘지 심지어 제 이름을 한자로 못 쓰는 대학생들도 숱하게 있다고 하지 않는가. 낳아준 부모조차 몰라라 하는 세상이다.

내 서재 책장 위에는 입이 큰 백자 항아리가 있다. 볼록한 상체에 뿌리인 시조의 글이 씌어 있다. "국환신지환國患臣之患, 친우자소

우親憂者所憂, 대친여보국代親如報國, 충효가쌍수忠孝可雙修."고려 때의 충신인 청도淸道 김씨 영헌공英憲公 김지대金之岱; 1190-1266 시조의 글이다. "나라의 어려움은 신하의 어려움이요, 어버이의 근심은 자식이 근심할 바이니, 어버이를 대신하여 나라에 보답한다면 충성과 효도를 둘 다 할 수 있네."라는 내용이다. 당시 풍속으로 전쟁터에 나간 병사들은 자기 방패에 부적 삼아 이상한 동물을 그리거나 새겼다고 한다. 아버지를 대신하여 전쟁터에 나간 아들이 부적 대신 위와 같은 시 한 수를 써 붙였던 것이다. 선조의 나라 사랑과 부모에 대한 효심을 후손들이 마음에 간직했으면 좋겠다는 생각이 든다.

아프리카 감비아에서 납치되어 미국에 끌려온 흑인 노예 쿤타 킨테의 삶과 그 후손들의 애환을 그린 작품 '뿌리'는 흑인 작가가 자기 정체성을 확인하기 위하여 심혈을 기울인 작품이다. 좋든 싫든 누구에게나 뿌리는 있다.

영천시의회 의장을 지낸 동서가 병석에 있을 때였다. 그의 장자로부터 전화가 왔다. 아버지가 세상을 뜨기 전 비문을 준비해 두겠다며 나더러 비문을 써 달라는 것이다. 보내온 자료를 보고 손을 댈 수가 없었다. 신라시대부터 시작하여 조상이 무슨 무슨 벼슬을 지냈다는 등의 내용은 이해하기 힘든 한문 투성이였다. 누가 봐도 알 수 있도록 쉽게 써 달라고 했지만 현대문과 고문의 아귀를 도저히 맞출 수가 없었다. 조상을 기리는 마음에 힘을 보태주려 했지만 그곳 문화원장에게 부탁해 보라면서 손을 뗐다.

박범신의 소설을 영화화한 〈고산자 대동여지도〉라는 영화를 보았다. 조상이므로 꼭 봐야 한다는 강박관념이 있었다. 고산자 김정호古山子 金正浩는 청도淸道 김씨다. 시대와 권력에 굴하지 않고 역사상 가장 위대한 지도를 만든 그가 나의 뿌리가 된다는 사실에 가슴이 뜨거워진다.

고산자는 나침반 하나만 들고 배를 곯으면서도 백두산에서 한라산까지 나라 구석구석 안 다닌 곳이 없었다. 산의 굴곡과 굽이굽이 강을 붓으로 종이에 옮겼다. 그의 수작업 지도 작품이 현대 과학인 항측사진과 비교해도 큰 오차가 없다는 것이 얼마나 놀라운 일인가. 조상의 슬기에 고개가 숙여진다.

아무도 관심이 없고 돈도 되지 않는 지도 만드는 일에 골몰한 고산자의 일생은 인간 의지의 시험대가 되어 개인적 탐욕과 안일에 젖은 우리들에게 삶의 방향을 가르쳐 준다.

영헌공 김지대 시조는 아주 까마득해서 그저 한 시대의 인물로만 기억하고 있지만 선조인 고산자 김정호는 대한민국 역사와 함께 길이 남을 이름이요, 그가 남긴 유산은 나라의 귀중한 보물이다. 평민의 신분으로 일에 묻혀 온전한 가정생활을 하지 못했을 것임에 비추어 인간 김정호에 대한 세세한 행적이 남아있지 않는 것이 못내 아쉽다.

　월곡 선생의 후손을 비롯한 여러 가문에서 재실과 유품 등 조상이 남긴 흔적을 알뜰히 보존하는 것을 보면서 후손으로서 그저 외람스럽고 부끄럽다는 생각뿐이다. 하지만 대동여지도와 지도 목판은 우리 곁에서 여전히 살아 숨 쉬고 있다. 피멍이 들어 굳은살이 겹겹한 고산자의 금쪽같은 손이 후손들의 가슴에 조상의 얼을 깊이 새겨주고 있다.

　　　　　　　　　　　　　　　　　　　　• 2018. 7.

知

이름 남기기
성형과 표절
버킷리스트
금혼식 여행
자서전
100세 시대라고 하는데
눈높이
인공지능 작가
삶의 무게와 가중치
순교 성지의 고요
아빠, 우리 시청에 놀러 가요

이름 남기기

중학 시절 세계사 선생님은 교단에 올라서면 천장에 대일 듯 말 듯 키가 엄청 컸다. 브라운색 뿔테 안경이 콧잔등 아래로 늘 처져 있었고 칠판에 글을 쓸 때는 허리가 접힐 듯했다. 느릿느릿 정감이 가는 바리톤 음성이 그저 좋았다.

세계사 책에는 문명발생국과 역사적 인물, 문화가 소개되고 가끔은 희미한 흑백사진이 곁들어 있었다. 스핑크스 사진이 아직 기억에 있다. 수업 시간에 남의 나라 얘기는 마음에 닿지 않았다. 백문불여일견百聞不如一見이라.

세계사에 나오는 역사 체험을 작년 가을 몽골과 올 연초 인도여행에서 가졌다. 끝없이 펼쳐진 초원에서 말과 양 무리가 풀을 뜯는 정경은 액자에서 보는 사진 같았다. 목동들의 승마술에서 칭기즈

칸을 보고 게르에서의 하룻밤, 유목민의 생활사를 읽는다.

영겁을 뒤로하고 유유히 흐르는 인도의 젖줄 갠지스강에 손을 담근다. 생각 외로 물이 깨끗하다. 새벽 일출, 서서히 번지는 엷은 햇살이 강둑 화장장에서 들려오는 경 읽는 소리와 함께 강물 위에 퍼지는 모양이 경이롭다.

석가모니가 처음 설법했다는 성지, 녹야원의 고요하고 엄숙한 분위기가 가슴을 누른다. 합장하면서 탑을 도는 순례자들의 표정이 부처를 닮아가는 듯하다.

역사는 과거와 현재, 미래를 잇는 고리로 흐르는 세월에 변화의 무게를 쌓는다. 세계가 하나같이 돼 가면서 역사의 흔적을 찾는 발길이 늘고 있다. 여행은 옛사람들이 살아온 자취를 밟아보는 재미와 유익도 있지만 자기 존재를 성찰하는 기회를 준다.

역사는 만들어 가는 것이 아니라 결과물이며 그 주체는 사람이다. 역설적으로 인간이 역사를 만들어 간다는 말도 하지만 그것은 오만이다. 역사 속에는 그 시대를 살다 간 사람들의 숨결이 곳곳에 스며 있다.

개인사의 총체물이 모여 역사가 된다. 사람이 태어나서 살아온 일대기가 자서전, 회상록 같은 이름으로 기록되면 개인사요, 큰 줄기를 모은 것이 세계사나 국사가 되고 특정한 공동체의 역사가 된다. 가족이나 혈통의 역사는 족보다.

사람은 어떠한 형태로든 자기의 흔적을 세상에 남기고 싶어 한다. 작은 예로 무덤을 지키는 비석이 그것을 말해 준다. 평생 모은 재산을 자식에게 물려주지 않고 사회 공익기관에 내놓는 사람들도 있다. 삶의 흔적을 유익한 가치로 바꾸는 현명한 처신이다.

요즘 지방 어디를 가든 쉽게 볼 수 있는 것 중 하나가 문학관이다. 문학을 좋아하는 사람들의 순례 코스가 되었다. 작가의 출생 지역단체가 지역을 알리기 위해 만든 것이지만 늘어나고 있는 것은 좋은 현상이다. 글 쓰는 사람들은 작가의 원고지와 고전풍의 바랜 만년필, 첫 작품 발표지 등에 눈이 먼저 간다.

경북고등학교 개교 '100주년기념역사관'에 전시할 물품을 기증해 달라는 총동창회의 연락이 있었다. 고교 시절 사용하던 물품이나 개인의 저서 등 기념될 만한 물건은 무엇이든 좋다고 했다. 줄 만한 것이 있는지 뒤져 보았다.

1957년 판 교우지인 《경맥》 4호와 다음 해 나온 5호가 꽂혀있었다. 60년의 풍상에 책이 누렇게 변했다. 문학소년 한때를 떠오르게 하는 문예서적이다. 소설, 수필, 시 등 장르에 관계없이 닥치는 대로 많이도 읽었지. 기분 좋은 전율이 퍼져 온다. 팔팔할 때 나누어 가진 체육대회의 기념 접시도 찾아내었다. 고교 전경 사진과 '아는 사람, 생각하는 사람, 행하는 사람'이라는 교훈이 들어 있는 도기다. 사회활동 하면서 지은 책 6권도 챙겼다.

책장 2층 연적 받침 위에 명찰이 보였다. 고교에 입학한 후 백삼선 교복 왼쪽 포켓 위에 늘 붙어있던 내 이름이다. 검은 비로드 천에 오렌지 색실로 새겨진 명찰 모서리가 조금 떨어져 나가 있고 풀려나간 실 끝이 보인다. 기증하기 위해 명찰을 깨끗한 투명용지에 쌌다.

하찮은 옛 명찰이 무슨 대수냐고 하겠지만 반세기 훨씬 넘게 보관해 온 것인데 이것이 '100년사 고교 기념관'에 전시된다면 학교사와 더불어 내 이름이 영원히 남을 것이라는 생각을 하니 만감이 교차한다. 순간 나르시시즘에 빠진다.

'호랑이는 죽어서 가죽을 남기고 사람은 죽어서 이름을 남긴다'는 속담이 있지만 나의 바람이 허심이 아닐까. 이름을 남길 일을 했는가, 스스로에게 묻는다.

• 2018. 7.

성형과 표절

춤도 잘 추고 노래도 잘한다. 예쁘고 잘생겼다. K팝 소녀, 소년 그룹의 비주얼을 눈여겨보면 누군가를 닮은 듯 같기도 하고 처음 봐도 낯설지가 않다. 여성 못지않은 미모의 남자아이들도 보인다. 대학 수능시험이 끝나면 성형외과가 붐빈다.

초등학교 때 입을 다물어도 앞니 몇 개가 드러나 보이는 친구에게 째보라고 철없이 놀려댔던 기억이 있다. 입술이 갈라진 어른들을 시장이나 공사장 같은 데서 쉽사리 볼 수 있었다. 의술의 발달로 지금은 언청이가 사라졌다. 가끔 동남아 쪽 어렵게 사는 아이들에게 무료 수술을 해 주는 것을 보면 언청이는 후진성 병인 것 같다.

중학교 때 치아교정을 받은 손녀가 고교 졸업반인 지금까지도

철사 같은 것으로 이리저리 이빨을 묶어 놓고 있다. 찜찜하고 답답할 텐데도 잘 견딘다. 아름다운 얼굴을 바라는 것은 인간의 상정, 여성들에게는 로망이다.

사고나 유전으로 손상된 신체 부분을 회복해 주기 위해 고안된 성형이 이제는 외모 관리 수단으로 보편화하고 있다. 얼굴은 말할 것도 없고 신체 어느 부분이고 원하는 대로 뜯어고쳐주는 세상이다. 의사 중에서도 성형의가 인기 직종이라는 것은 남녀 성형 인구가 날로 늘어나고 있기 때문일 것이다. 외국인들도 우리처럼 성형을 많이 할까. 서양인들의 모습이 각양각색인 것을 보면 그들은 외양에 별로 신경을 쓰지 않는 것 같다.

문득 성형이 남의 얼굴을 표절하는 행위가 아닐까 하는 엉뚱한 생각이 났다. 타인의 얼굴을 본인 동의 없이 함부로 찍어 공개하거나 상업적으로 이용하면 초상권 침해가 되어 처벌을 받는다. 하지만 남의 얼굴을 본떠 자신의 얼굴을 성형한다 해도 죄가 되지 않는다. 재미있고 아이러니하다.

표절은 남의 창작물을 자기가 한 것처럼 전부 또는 일부를 도용하는 것으로 인격적·도덕적으로 사회적 지탄을 받는다. 주로 학문·예술 분야에서 많이 볼 수 있는 현상으로 표절에 대한 확고한 잣대가 분명치 않아 시비가 끊어지지 않는다.

인간사 모든 존재물은 창조가 아니면 모방으로 형상화된다. 그런 의미에서 성형도 이 범주에 넣을 수 있을 것이다. 성형은 모방과 가깝다고 볼 수 있으나 모방은 기계적이고 물리적인 반면 성형은 인간의 감성이 배어있는 행위로 이해할 수 있다.

사람은 누구나 보이지 않는 것보다 보이는 것에 마음을 더 둔다. 성형은 보이는 것에 대한 변화욕구라고 볼 수 있지만 성형을 희망하는 사람의 보이지 않는 심리적 변화가 더 크게 작용하고 있지 않을까 생각한다. 얼굴 성형이 마음에 들지 않아 여러 차례 다시 하는 이들도 있다는 말을 들은 적이 있다.

나는 학문적·인격적으로 표절하고 싶은 인물이 있다. 연세대 행정대학원장을 지낸 유종해 박사다. 그는 최근 미수 기념문집 『행정학자의 길』을 펴냈다. 책을 읽으면서 교수직은 정년이 없다는 생각으로 처음부터 학문을 죽을 때까지 한다는 믿음을 가진 그에 대한 사숙의 마음이 날로 더해간다. "죽을 때까지 활동하고 죽을 때까지 공부한다活到老 學到老"는 그의 좌우명을 늘 마음에 담는다. 외양과 내양을 한데 묶어 살아갈 수는 없을까. 닮고 싶은 사람의 사상과 가치를 좇는 것은 내적 표절로 자기 성장이다.

사람의 신체는 형상물이 아니므로 남의 얼굴을 본뜨는 행위 그 자체는 모방이지만 얼굴을 모방한다고는 말하지는 않는다. 그래서 좋은 말로 얼굴 성형이라고 하는 것이다. 얼굴 성형은 남의 얼굴을 표절하는 것이다. 남의 창작물을 표절한 것은 가치를 인정받지 못한다. 성형 얼굴 역시 상태 유지가 쉽지 않다. 몇 번이나 얼굴에 손을 댄 연예인의 얼굴에서 본심을 비켜 가려는 인간의 허심이 보여 안쓰러움을 느낄 때가 있다. 어쨌든 인간은 창조를 하거나 모방을 하면서 살아간다. 가치를 어디에 두는가는 개인의 몫이다.

   컴퓨터 옆에서 다림질하는 아내의 옆얼굴을 본다. 화장하지 않는 얼굴을 유심히 볼 때가 없었다. 얼굴 여기저기 검버섯이 보인다. 선선해지면 성형외과에 한번 데리고 가야겠다.

• 2018. 7.

버킷리스트

한국 날씨와 비슷하다고 해서 그러려니 했지만 예상과 달랐다. 7월의 지중해성 기후다. 숲도 강줄기도 보이지 않는다. 황색의 땅, 열기와 바람으로 가공된 사암들이 즐비한 신의 땅은 오랜 풍상을 겪고도 그대로 있었다. 편도 14시간의 비행길은 쉽지가 않다. 요르단을 거쳐 이스라엘로 가는 순례길이다.

성지순례, 오랫동안 내 버킷리스트에 있었지만 실행이 어려웠다. 나이를 계산하면서 용기를 내었다. 기독교의 성지는 중동 여러 나라와 유럽 전역에 퍼져있어 성지의 개념을 잡기가 여의치 않지만 이번 여행은 좀 달랐다. 요르단은 아주 생소했다. 가는 족족 마을과 사람들이 우리가 어렵게 살던 그때를 닮았다.

세계 유명 불가사의라는 페트라를 찾았다. 사위가 온통 가늠할 수 없는 바위산으로 둘러싸인 곳에 한두 대의 마차가 지나갈 정도의 좁은 통로가 보인다. 이곳을 지나면 이천수백 년 전 외세에 쫓겨 살던 유목민들이 만든 요람지가 있다.

관광객들이 탄 말이나 낙타가 빠른 속도로 지나가면 흙먼지가 일었지만 비포장 자연 그대로가 좋았다. 바윗길에 갇혀 위로 탁 트인 파란 하늘을 보니 여기저기 구름이 피어있다. 가는 길 틈틈 여러 형상의 바위산에는 시커먼 큰 구멍들이 자주 보인다. 옛사람의 주거지와 무덤이다.

30여 분 걸었을까 큰 광장이 눈앞에 펼쳐진다. 선사시대부터 사람이 살았던 나바테아 왕국의 수도 핵심자리다. 이곳 건물들은 바위산을 깎아 만들었고 좁은 통로와 수많은 협곡은 온 사방 바위로 둘러싸여 있다. 사막지대의 산이 작은 동산과 같이 보이는 것은 모진 세월을 견딘 흔적이다.

광장 중심에 자리 잡은 알카즈네신전은 끝이 어디까지인지 모를 엄청 큰 바위산 건물이다. 권력의 힘과 인간의 무한한 능력, 땀, 울분, 눈물이 한데 버무려 만들어진 걸작품은 천년의 겁을 몇 번 겹쳐서도 웅장하고 당당하다. 바위를 떡 주무르듯 했던 옛사람의 솜씨가 대견하다. 8천여 개나 되는 야외극장 좌석은 바위에 홈을 파서 만들었다. 곳곳 바위 틈새로 이름 모를 키 작은 나무들이 보인다. 생명의 끈질김에 끌려 카메라를 들이댄다.

사해 입구 매점 간판에서 '당신은 지금 세상에서 가장 낮은 땅에 왔습니다'라고 쓰여 있는 글귀를 보면서 네덜란드를 떠올린다. 기독교 성지라고 하면 이스라엘이 백미다. 무장군인들이 딱딱한 얼굴로 사방을 주시한다. 여군들도 있다. 이스라엘은 여러 종교색을 띤 민족들이 동거하면서 만들어진 나라다. 수천 년간 종교적 갈등을 잘 소화하면서 신앙의 땅을 지켜가는 지혜가 돋보인다. 직사각형의 돌로 건조된 무덤들이 산을 덮고 있는 곳에서 부활 신앙을 염원하는 유대인의 믿음을 본다. 그들은 지금까지도 통곡의 벽을 마주하며 기도하고 울부짖고 있다. 종교가 무엇인지 잠시 생각에 머문다.

예루살렘은 신의 도시라기보다 관광지다. 이스라엘 국민소득의 90%가량이 관광수입이라고 하니 알 일이다. 예수님이 십자가를 지고 오른 골고다 언덕길 좌우에는 점포들이 줄을 이었다. 예수의 땅에서 예수의 모습을 찾을 수 있는 거리가 별로 없게 느껴지는 것은 오로지 세월 때문일까. 성지가 기독교역사의 출발점이지만 세상 변화에 색을 바래가는 것이 안타깝다. 그러나 신앙인의 참 자세는 매사를 눈에 보이는 것에서 찾을 것이 아니라 눈에 보이지 않는 것에 마음을 두어야 한다는 생각을 하면서 스스로를 다독인다. "우리가 돌아보는 것은 보이는 것이 아니요 보이지 않는 것이니 보이는 것은 잠깐이요 보이지 않는 것은 영원함이라(고린도후서

4:18)."

순례 길을 떠날 때 서울신학대학교 총장을 지낸 목사님이 이런 카톡을 보냈다. "성지를 순례하고 오면 성경을 읽고 보는 눈이 달라질 것입니다." 우리는 오랜 신앙 생활을 하면서도 특별한 경우를 제외하고는 성경 속의 인물과 지명을 기억하려 들지 않는다. 그러면서도 성경 읽기는 반복한다.

이번 여행에서 나는 확실히 보았다. 가는 곳곳 거리 이정표에는 성경에서 나오는 지명들이 그대로 씌어 있었다. 그것은 오랜 역사와 현실의 괴리로 주춤하는 나에게 믿음의 확신을 더해 주기에 충분했다. 그곳 선교목사님의 성지순례 안내가 좋았지만 마음 한편에서는 아르바이트를 뛰어넘는 것 같아 마음이 무겁다. 아내와 함께 한 버킷리스트, 생애의 큰 소산이다.

• 2019. 1.

금혼식 여행

알퐁스 도데, 정말 오랜만에 듣는 이름이다. 그 이름을 기억하고 있다는 것에 스스로 대견함을 느낀다. 문학 사랑 때문일 것이다.

버스가 프랑스 남동부 프로방스에 들어오자, 여행 안내자가 도데의 작품 「별」을 낭송하기 시작했다.

교교 시절 국어책에 실린 「별」을 연상할 수 있는 나이임을 감지한 그녀의 노숙한 재치였다. 낮은 목소리로 들려주는 별 이야기를 들으면서 옛 학창 시절로 돌아간다. "아가씨가 비탈길 아래로 사라지면서 노새 발굽에 제어 구르는 자갈 하나하나가 내 마음 속으로 떨어지는 것 같았다." 산중의 가난한 양치기 소년이 넘볼 수 없는 주인집 딸을 연모하는 순수한 시정이 밀물처럼 마음에 들어온다. 작가 도데는 양치기의 어깨에 머리를 대고 잠든 아가씨를 '별'

이 내려와 앉은 것으로 묘사하면서 목가적인 고향의 분위기를 서정적으로 표현하고 있다.

　단편소설이지만 수필 냄새가 뭉클 난다. 프랑스와 이태리 관광길은 도시 간 이동에 서너 시간은 족히 걸린다. 40여 년 전 서유럽 쪽을 여행한 적이 있었다. 들뜬 마음에 관광지에 대한 깊은 고려 없이 여러 나라를 돈다는 것에 그저 만족했었다. 주마간산으로 몇 나라를 돌았지만 여행 후의 잔영은 오래가지 않았다. 금혼식을 기념하여 남프랑스·이태리 여행길에 올랐다. 젊을 때의 여행과 나이 들어 하는 여행의 묘미는 전혀 다르다. 전자를 보고 먹고 즐기는 단순관광이라 한다면 후자는 전자의 목적에 깊은 사색을 더한 느끼면서 하는 여행이라는 생각이 든다.

　여행은 그 분위기가 중요하다. 무엇보다 동승한 여행객과의 소통 여하는 여행 전체의 핵심이라고 해도 과언이 아니다. 어디를 가도 나이 많은 축에 드는지라 여행을 떠나기 전 행여 나이 탓에 스스로 움츠러들지 않을까 걱정했다. 남에게 폐를 끼치는 일을 하지 않으면 된다고 쉽게 말하지만 현실에서는 통하지 않는 경우가 허다하다. 외국 여행은 대부분 모두 투어이므로 여행자들의 구성 형태는 가지각색이다. 그룹으로 온 사람, 부부, 혼 여행자 등 아주 다양하다. 날이 지나면서 조금씩 익숙해 가지만 머쓱한 기분이 들 때가 많다. 생면부지의 사람과 마주 보며 식사하는 것도 고역이다.

붙임성 있는 아내는 누구에게나 말을 걸어 서먹함을 곧잘 풀어가지만 나는 그것이 어렵다. 사회성은 나보다 아내가 고수라는 것을 새삼 느낀다. 나이 차이가 한참 나는 두 쌍의 부부와 동석하는 일이 잦아지면서 여행을 마칠 때까지 나이 스트레스를 받지 않고 좋은 시간을 만들어 간 것은 아주 다행이었다.

　이탈리아에서 이해하지 못한 점이 있었다. 수천 년의 역사를 가진 도시의 유명 성당은 종교적 시늉만 낼 뿐 관광 상품화가 되고 있었다. 파란 하늘, 뭉게구름은 지중해 날씨의 표상이다. 차창 밖으로 멀리 보이는 나지막한 산 중턱 주홍빛 지붕의 마을이 그림 같다. 높은 곳에는 반드시 성당이 있다. 마을이 형성될 때 의무적으로 세워졌을 것이다. 요즘 교회당에는 교인들이 별로 없다는 말도 들었지만 오래 손질하지 않는 곳이 많고 영화롭던 옛 교회의 권위를 잃어가고 있다는 느낌을 받는다.

　로마 바티칸 박물관 관람에 많은 시간이 걸렸다. 입장 순서를 기다리는 사람들의 끝이 안 보인다. 관광객의 대부분은 서양인들이다. 안내자에게 물었다. "바티칸 나라에는 누가 살고 있습니까?" 교황과 사제들만 산다고 했다. 엉뚱한 생각이 든다. 입장료가 만만치 않는데 그 많은 수입이 어떻게 처리되고 있는지 궁금하다. 아무도 모른다고 했다. 가톨릭을 위한 선교 사업에 쓰일 것이라는 나름 생각은 하지만 국민도 없는 작은 국가인지라 이해가 가지 않는다. 바티칸은 미지의 영역인가. 동유럽과 이탈리아를 낀 바다를 아드리아해라고 부르는데 같은 지중해를 이탈리아가 독자적으로 명명한 것이라는 말을 들었다.

  유럽 지도를 펼쳐 나라 명과 위치, 주요 도시를 일일이 체크하고 버스로 죽 달려온 여행지를 선으로 이어가면서 여행한 곳곳을 마음에 담으려고 노력해 본다. 과거에는 예사로 지나쳤던 일이다. 이번 여행의 수확은 유럽의 크고 작은 나라들, 아름다운 지명의 도시를 마음 알뜰히 재조명한 것이다. 집착력이 있는 지금의 나이 덕분이다. 가는 데만 12시간이 넘는 비행에 지치기도 했지만 기억에 남을 여행이었다.

• 2019. 7.

자서전

살아온 자취를 글로 정리해 보려고 했지만 늘 마음뿐이었다. 자서전을 쓴다는 것이 뭔가 켕기지 않아 미적거리다가 거의 포기 상태에 있었다. 그런데 엉뚱하게도 아주 우연히 자서전을 써야 할 기회가 왔다. 한국교직원공제회에서 교원 퇴직자의 자서전을 대필해 주고 책까지 내준다는 공고를 본 것이다.

쉽게 자서전을 낼 수 있겠다는 얕은 생각이 들었다. 그러나 예상 외로 탈락이었다. 그렇게 많은 신청자가 있을 줄을 미처 몰랐다. 무슨 일이나 내 위주로 판단하고 결정하는 것이 당연한 것처럼 가볍게 생각해 온 나에게 탈락은 패널티였지만 섭섭한 마음이 들지 않았다. 자서전에 대한 천착이랄까 그런 것이 없었기 때문이다.

2018년 늦가을, 제2회 자서전 공모 메시지가 창에 떴다. 이번에는 아내가 극성이다. "당신은 충분히 자서전을 낼 자격이 있어요. 자서전을 한번 써 보세요." 평소 입버릇처럼 말해 온 아내가 한 번만 더 신청해 보라고 닦달한다. 자서전의 틀을 새롭게 짜고 어떤 내용으로 글을 전개할 것인가 몇 번이나 손보고 다듬는 데 많은 시간을 할애하였다. 수필집도 내고 글 쓰는 일을 계속해 오고 있는 터라 자서전에 대한 희미한 애착이 스멀거린다. 이번에는 꼭 당선되면 좋겠다는 생각을 가졌지만 1회 때보다 경쟁이 더 심해졌다는 말에 기대를 걸 수 없었다.

초등학교부터 대학에 이르기까지 수많은 교원퇴직자가 자서전을 대필해 주고 출판비 부담 없이 책을 내준다는 데 흥미를 갖지 않을 사람이 어디 있겠느냐는 나름의 판단이 마음을 어지럽힌다.

공모에 당선됐다는 문자를 받고 제대로 자서전을 한번 써 보겠다는 다짐을 한다. 대필 작가가 인터뷰를 근거로 자서전을 써 준다고 하지만 내 이름으로 출간되는 자서전을 남의 손에 맡기는 일이 마음에 걸린다. 글 쓰는 사람이라는 자부심 때문일 것이다.

작가가 인터뷰를 위해 3차례나 집을 방문하였다. 인터뷰한 내용을 큰 줄거리로 잡아 작성한 작가의 글은 사실성에 미치지 못하는 부분이 더러 있어 내가 생각해 온 자서전의 이미지와 크게 달랐다. 젊은 여성작가와 나의 글 스타일, 말하자면 글 문화의 차이가 뚜렷하게 보였다. 세대 간 차이도 있었지만 뭔가 상업적인 분위기가 글에 묻어 있는 것이 거슬린다.

　내 이름으로 자서전을 내는데 이래서는 안 되겠다 싶어 직접 자서전을 써야겠다는 각오로 글쓰기에 매달렸다. 대필 작가가 쓴 글을 고쳐가며 추가, 삭제하면서 나의 혼이 들어가는 글을 쓰려고 애썼다. 작가의 입장과 위상을 고려하는 일에도 신경을 써야 했다.

　자서전을 쓰면서 얻은 것이 있다. 자서전은 직접 본인이 써야 한다. 글은 바로 자신이기 때문이다. 자서전은 살아온 실체를 표현하는 것이기에 진솔성이 있어야 한다. 부끄러운 일을 피해서는 자서전이 될 수 없다. 나는 옛일들을 회상하면서 있는 사실을 그대로 글로 나타내려고 애썼다. 잊혀온 의식적·무의식적 과오를 반추하면서 잘못을 반성하는 기회를 가졌다. 나로 인해 상처를 입었을 많은 사람들에게 용서를 구하는 마음으로 글을 썼다. 연말까지 탈고해야 하므로 밤새워 읽고 고치는 일이 반복되었다.

　나의 자서전은 평범하지가 않다. 가르치는 일 외의 숱한 사회활동 기록들을 체계적으로 정리하고 사진을 곁들여 객관성을 높이려 했다. 책의 제목을 '길'로 정했다. 서울에서 있었던 출판기념회에서 대표 작가로 선정되어 축하객들에게 인사를 하면서 가슴이 벅차올랐다. 앞이 보이지 않는 길, 순탄하지 못한 삶의 길에서 묵묵히 나만의 길을 걷고 만들어 온 자신을 돌아보면서 위안을 받는 순간이었다. 교원공제회가 공식적으로 주는 자서전 20권 외에 추가 신청을 하지 않았다. 자서전이 남에게 자랑할 만한 가치가 있다는 확신이 없어서다. 형제와 흩어져 사는 가족, 나를 잘 아는 절친 몇 분에게만 책을 나누어 주었다.

  내 책을 다 읽고 책장을 덮을 때 눈물에 흠뻑 젖었다는 둘째 딸과 책을 읽으면서 눈에 이슬이 맺혔다는 손녀의 말에 가슴이 저려온다. 살아있는 한 더디고 둔하겠지만 나는 내 길을 걷고 또 길을 만들어 갈 것이다. 죽을 때까지 활동하고活到老 죽을 때까지 배운다學到老는 것은 내 길의 이정표다. 자서전은 나의 버킷리스트 가운데 하나였다.

• 2019. 8.

100세 시대라고 하는데

'지혜롭게 살자'는 말의 의미는 무엇일까. 세상을 살아가는 방편이라고 말한다면 지혜라는 단어의 무게가 너무 가볍다. 지식을 보탠 지혜가 살아가는 가치의 중심이 되면 더할 나위 없이 좋은 삶이다. 직장에서 은퇴할 즈음, 누구나 노년의 삶을 걱정하게 된다. 퇴직 전에 노후 계획을 세워둬야 한다는 말을 하지만 차일피일하다 보면 실천이 쉽지 않다.

노후의 걱정은 경제와 건강 문제가 주지만 부닥치게 될 새로운 환경에 대한 불안이다. 풀어진 일상의 변화로 시간 개념이 희미해지면서 세월의 흐름이 빠르다는 생각에 매인다. 자의든 타의든 막연한 기대 속에 살아가야 한다. 100세 시대라는 말이 공공연하다. 가끔 한 세기 넘게 산 사람도 있다. 누구든 오래 사는 세상이 되었다는 생각을 한다. 그러나 대부분의 사람들은 노후 삶에 대한 별다른 대책이 없다.

　노후의 세월을 좀 더 보람 있게 보낼 수는 없을까. 지나온 날들을 조명하면서 나름 노년 생활에 가치와 이념을 만들어 가는 지혜가 필요하다. 노년 경제, 여가선용, 건강관리, 가족 간의 관계 재설정 등 변화에 유연하게 대처할 수 있는 자세는 살아온 경륜과 학습된 지식, 지혜에서 나온다. 무엇보다 고정된 자기 틀에서 벗어나 환경변화에 익숙해 가려는 노력을 해야 한다. 노인이 되면 모든 면에서 뭔가 뒤처지는 느낌을 받는다. 자신감의 상실이다. 노인과 젊은이가 함께 살아가는 것이 인간사회다. 나이가 많다고 해서 무조건 양보하고 조용히 있어야 한다는 생각은 금물이다. 세상변화에 사람 사는 법도 달라지고 있으니 노인으로서 살아가는 방편을 찾아야 한다.

　우리는 디지털시대에 살고 있다. 아날로그에 길들여진 행태에서 벗어나는 것이 쉽지는 않지만 변화에 맞춰가려는 노력이 있어야 한다. 디지털화는 젊은이들만이 누리는 문화가 아니다. 젊은이들이 잘한다고 해서 생각 없이 의존하는 마음을 가져서는 안 된다. 살아오면서 자신이 터득한 지혜와 지식을 변화에 맞춰간다는 자세가 필요하다. 모르면 배워서 내 것으로 만들겠다는 의욕이 있어야 한다. 디지털 세대들은 IT가 생활화되어 있다. 손 안의 컴퓨터인 스마트폰으로 모든 문제를 풀어 간다.

　노인들의 스마트폰 활용은 제한적이지만 폰 안 가진 사람이 없다. 자신도 모르게 디지털 시대에 순응하고 있는 것이다. 기계에 익숙하지 못한 노인세대들은 기계 만지는 것에 두려움이 있다. 그래선지 좋은 스마트폰을 가졌어도 쓰임새의 용도는 아주 단순하다.

　나는 컴퓨터 작업을 하다가 의문이 생기면 따로 살고 있는 아들의 도움을 받는다. 원격 조정으로 내 컴퓨터 방에 들어와서 처리 방법을 가르쳐 주면 의문이 금방 풀리지만 아들에게 전폭 맡기지 않고 설명을 들으면서 마우스는 내가 작동한다. 그래야 훈련이 되고 컴퓨터 다루는 기술을 내 것으로 만들 수 있다. 시간이 걸리더라도 하나씩 하나씩 디지털시대에 적응하는 학습을 해 가는 것이다.

　애플 폰을 사용한 지가 15여 년 가까이 된다. 퇴직을 준비하고 있을 때 어느 통신사에서 폰 보급을 위해 직장을 방문하였다. 여러 기종 가운데 아들의 추천으로 아이폰을 선택했다. 그 인연으로 같은 기종만 사용하는 애플 마니아가 되었다. 2~3년마다 새 폰으로 바꾸고 있다. 최근 새로 나온 아이폰으로 바꾸면서 사용해 오던 폰을 고3 손녀에게 주었더니 친구들이 부러워하면서 야단을 떨었다고 했다. "할아버지가 애플 X를 사용한다."고 했더니 모두들 놀라더라는 것이다. 얼떨결에 디지털 멋쟁이 할아버지가 되었다. 내 스마트폰에는 내가 필요한 정보가 많이 들어 있다. 스마트 뱅킹은 기본이다. 나의 의식은 고식적인 아날로그 프레임에 갇혀 있지만 디지털시대에 맞추어 가는 노년 생활을 누리고 싶다. 가능하면 디지털 문명의 이기들을 최대한 활용하려고 한다. 그것이 바로 내가 살아 있다는 증거다.

지하철 역사에는 만남의 광장이 있다. 만남의 장소지만 젊은이는 보이지 않고 깡그리 노인 판이다. 노인들의 전용 휴식처가 되었다. 도심 속의 경로당이다. 모자를 안 쓴 노인이 없다. 벗겨진 머리를 남에게 보이기 싫고 때로는 얼굴을 감추는 데 도움이 되어서다. 다들 무슨 생각을 하고 있을까. 요즘 들어 언뜻언뜻 자신을 돌아보는 일이 많아지고 있음을 느낀다. 열심히 살아왔지만 군데군데 아쉬움이 묻어난다. 인지상정 백세 시대는 듣기 좋은 말이다. 내가 할 수 있고 하고 싶은 일을 거침없이 하면서 살고 싶다.

• 2020. 2.

눈높이

 거실 형광등이 고장이 나서 LED 등으로 교체했다. 형광등보다 밝고 전기료도 적게 나오고 고장이 나면 언제나 애프터서비스를 해 준다는 말에 좀 비싸다는 생각이 들었지만 20년 넘게 단골인 조명기구상 사장의 말을 믿기로 했다.

 직사각형 모양의 큰 것 2개를 달았다. 그러나 1년도 채 되지 않아 한쪽 등에 불이 들어오지 않는다. 새 전등은 보통 형광등과 구조가 완전 달라 전기 기술자가 아니면 손을 댈 수도 없다. 조명기구상에 몇 차례 전화를 했지만 소식이 깜깜이다.

 한번 알면 끊지 못하는 나의 성격을 나무라면서 전화 오기만을 기다린 지 몇 주가 지났다. 마침 연락이 닿아 늘 점포를 지키고 있는 부인이 사장이 있다면서 전화를 바꿨다. 사장이 몇 번이나 미안하다면서 하는 말이다. "서너 명 직원을 다 내보내고 혼자 일하다 보니 바빠서 못 갔습니다. 빨리 수리해 드리겠습니다."

평생 하던 일을 놓지 못하고 일거리가 줄어들고 직원 인건비를 감당할 수 없어 혼자 뛰는 70대의 노 전기기술자를 보면서 아련한 마음을 쉬 놓지 못했다. 사장이 내보낸 직원들은 지금 어디서 무엇을 하고 있을까. 나라의 경제정책 오류가 서민 생활의 바닥까지 훑고 있다는 생각에 괜히 부아가 치민다.

대학에 갓 입학한 손녀가 편의점 아르바이트를 한다고 하더니 며칠 안 가 그만둔 모양이다. 정부가 정한 최저시급을 받을 줄 알았는데 다 못 준다고 하더란 것이다. 점주에게 따졌더니 대구의 다른 편의점도 다 그렇게 한다는 말을 들었다고 한다.

사회 초년생인 손녀가 약간 쇼크를 받은 모양이다. 대학생은 누구나 한 번쯤 알바를 하고 싶다는 생각을 가진다고 한다. 알바를 해서 학비를 버는 학생도 있지만 보통 학생들은 알바를 하면 여러 사람을 만날 수 있고 직접 돈을 벌 수 있다는 것에 흥미를 가진 것 같다. 그런 의미에서 대학생 알바는 선배들이 해 온 것을 사회현장에서 실험해 보는 워너비 같은 것이다. 언제부턴가 우리 사회는 대학생 알바가 학생들이 바라는 낭만이 아닌 사회 부조리의 쓴맛을 보여주는 현장으로 변하고 말았다.

편의점 점주들을 대상으로 '최저임금 교육 간담회'를 연 자리다.

교육 담당자가 질문했다. "아르바이트 직원에게 최저임금을 주는 점주님들은 손을 들어보세요." 50명 중 3명이 손을 들었다. "지방은 서울 매출의 60%밖에 안 되는 데다 손님이 없어 아르바이트 직원이 할 일도 그만큼 적다."며 "그래서 서로서로 의논해서 시급을 정하고 일을 시키는데 요새는 그마저 힘들어 아르바이트 직원을 줄이고 있다."고 말했다.

아르바이트생들은 고용주인 점주들이 정한 대로 임금을 받고 일하면서 할 말도 못 하는 것이 현실이다. 최저임금을 주장하면 일자리를 그만둬야 하고 말썽을 일으키면 그 세계에서 영영 일을 못 하게 될 수도 있다는 것을 그들은 알고 있다.

최저임금을 안 주면 사업주는 형사처벌을 받도록 돼 있지만 이 법은 있으나 마나다. 장사가 잘되면 아이들의 일당을 깎을 어른은 없을 것이다. 고용주와 고용인이 묵계 상태에서 시급을 주고받는 것은 기초적인 시장원리다. 옛말에 "가난은 나라도 구제하지 못한다"는 말이 있다. 현대국가는 이 말을 부정한다. 이른바 복지라는 이름으로 그것을 해결하려고 한다. 가난을 구제하는 일에는 일정한 한계가 있다. 국민 모두를 같은 수준으로 잘살게 할 수는 없는 것이다.

권력자가 국민들의 지지와 호응을 얻는 가장 쉬운 방법이 복지 범위를 넓히는 일이다. 지금 한국의 복지정책이 그런 것이다. 복지는 사회의 조화를 생각하지 않고 밀어붙이기 국가정책으로만 가능하며 일부 계층의 희생적 바탕에서 이루어진다.

  가진 자와 못 가진 자의 갈등을 중재하는 것이 정부의 역할이지만 시장경제를 누르면 여러 반작용이 빚어진다. 간단하지만 편의점 점주와 아르바이트생과의 관계도 그런 시각에서 조명할 수 있다.

  공동선을 향한 마음들이 한데 모아진다면 우리가 사는 세상은 좀 더 밝아질 것이다. 나는 오늘도 빠르게 변하는 세상일에 적응하는 방법을 찾으면서 매일매일 새날을 맞이한다.

• 2020. 2.

인공지능 작가

이세돌과 알파고가 바둑 대결을 할 때 나는 사람이 이길 것이라는 글을 썼다. 예상은 빗나갔다. 이세돌이 한 판은 이겼지만 AIArtificial Intelligence 바둑 선수 알파고를 당하지 못했다. 알파고는 감성만 없을 뿐 인간을 능가하는 바둑 기술을 가지고 있었다. 기계가 사람과 비슷한 수준의 지적 노동력을 생산한다면 현존 47% 정도의 직업이 없어질 수 있다는 말을 한다.

제4차 산업에서 특히 강조되고 있는 부분은 AI산업이다. 인공지능이 어떤 분야에 적용될지는 예측 가능하지만 그 실체를 잡는 것은 쉬운 일이 아니다. 미국의 인공지능 연구기관 '오픈 AI(Open AI)'가 개발한 글짓기 도구 'GPT-2'가 글짓기에 뛰어난 능력을 보였다는 기사를 봤다. 이 인공지능은 소설을 쓰고 신문

기사를 작성하고 학교 숙제를 해 주는 등 글쓰기와 관련 있는 부분에서 탁월한 글솜씨를 보였다. 논리적으로 문장을 구성하고 심지어 창조적인 문장도 척척 만들어 낸다고 한다. 작성하고자 하는 문장을 기계에 입력하면 스토리에 걸맞은 글을 써 준다.

이 인공지능은 800만 개의 웹페이지에 담긴 15억 개의 단어를 학습하였고 어휘력을 자유자재로 구사하면서 작가가 글을 쓰듯 창작방식을 알고리즘algorithm화하여 반듯한 글을 만들어 간다고 한다. AI의 글 작성 방식은 틀에 박혀 있지만 인간에 비해 실수가 없다는 것이 장점이다. 글 쓰는 사람의 감정 기복과는 다르겠지만 주어진 상황에서 얼마든지 인간 내면을 표현해 가면서 글을 쓸 수 있다고 하니 놀라움을 금치 못한다. AI가 쓴 글을 보고 그것을 만든 연구진들이 탄복하면서 무릎을 쳤다고 한다. 하지만 지능만 있을 뿐 이념이나 철학이 없는 기계가 작성한 글이 행여 오용되어 사회적 문제를 일으킬 수 있을 것을 염려한 과학자들이 이 글짓기 도구를 퇴출했다고 한다. 엉뚱한 거짓 창작 정보 같은 것을 자의적으로 생산하여 사회를 걷잡을 수 없는 혼돈으로 빠뜨릴 것을 경계한 것이다.

가설적이지만 머지않아 문학계에도 인공지능을 활용한 작가와 작품이 나오지 않을까 우려한다. 두 가지 경우를 예상할 수 있다. 장르별로 수많은 어휘와 문장 경험을 내장한 AI가 그것을 활용하는 사람의 의도에 따라 글쓰기 작업을 종용받을 수 있을 것이다. 사용자는 인공지능이 만든 글에 자기 생각을 가미하여 원고를 손본 뒤 자기 작품인 양 발표하고 책을 내는 것이다. 다른 하나는 아예 터놓고 AI로 작품을 만들었다고 공개하면서 이른바 AI 작가로 행세할 개연성이 있다. 이러한 글 작성 환경변화는 어떠한 형태로든 문학계에도 영향을 미칠 것이다.

  문학은 인간 삶의 본질을 문자로 표현, 예술로 승화하여 과거와 현재·미래를 조명하는 무한대의 창조 기능이 있다. 장르별 특성은 다를지언정 삶의 숨결이 스며있음은 다를 바 없다. 문학의 묘약은 글을 쓰거나 읽음으로써 동일한 가치를 추구하는 한편 정신적 흠결이나 손상을 치유해 주는 것이다. 소설은 허구를 통하여 삶의 진실을 찾는 예술이며 수필은 감성을 바탕으로 한 경험문학이다. 시는 구사할 수 있는 언어의 세계가 폭이 넓고 엄청 크다. 어느 영역이든 AI가 치고 들어오면 경계가 허물어질 가능성은 다분히 있다.

  만일 문학이 인공지능 개발자가 만든 AI에 의해 조종되고 보편화된다면 어떤 결과가 초래될까. 상상하기도 싫은 일이지만 기계가 인간만이 가진 혼을 지배하는 현상이 곳곳에서 두드러지고 알게 모르게 우리의 정신세계가 피폐해질지도 모른다.

  제4차 산업혁명 시대는 인공지능이 각 분야에서 활발하게 전개

되어 우리의 생활환경을 크게 변화시킬 것이다. 아직 초기 단계지만 주변에서 인공지능의 활약을 심심찮게 보고 느낀다. AI가 그린 그림을 보거나 찍은 사진을 보면 인공지능의 무한한 능력을 실감할 수 있다.

  얼마 전 중국에서 인기 있는 한국 여배우의 얼굴과 똑같은 AI 아나운서가 TV에 나오는 것을 보고 깜짝 놀랐다. 여배우의 모습 그대로였다. 머리와 가슴으로 글을 쓰는 문인들 앞에 AI가 문학 창작자로서 나타날 날도 멀지 않을 것이다. 기계가 만든 작품과 사람이 쓴 글이 공존하는 때가 올 것이다. 그러나 아무리 AI가 인간을 뛰어넘는 능력을 가졌더라도 결코 사람과 같을 수는 없다. 사람이 만든 기계일 뿐이다.

• 2020. 3.

삶의 무게와 가중치

　대구 삼덕동, 다이제스트 강의로 이름을 날렸던 전 경북대 K 교수의 집이 있었다. 적산 가옥은 손을 대지 않은 일본집 그대로였다. 대학생, 외국 유학준비생들이 오리지널 다이제스트 공부를 위해 늘 만원이었다. 퇴근 후 곧바로 달려가 일본식 다다미방에 쪼그리고 앉아 2년여 년간 학습한 일이 있다.

　K 교수에게 받은 감명 중 하나는 학문을 끝까지 파고드는 선비정신이다. 다이제스트 해석이 애매하면 시내 중앙통에 있던 미 공보원까지 가서 원장에게 자문을 받고 가르치는 열성을 보였다. 그런 모습을 보면서 자기 학문에 대한 열정과 학자로서의 양심을 읽을 수 있었.

　수강생은 늘 넘쳤고 수입금으로 장학생을 키운다는 말을 들었다. 어느 날 강의 시간에 "비싼 소고기를 먹을 이유가 없다. 영양은 닭고기만으로 충분하다."고 말한 닭고기 예찬론이 떠오른다.

K 교수가 신사복 정장을 한 것을 본 적이 없다. 검정 고무신을 신고 경북대까지 십 리 길을 걸어 출근하고 있었다. 좀 이른 연세에 세상을 떠났지만, 그를 기억하는 이들이 꽤 많다. 영문학자로 대구의 기인으로 이름을 남긴 K 교수의 삶의 무게는 얼마나 될까.

사람은 각기 사는 법이 다르다. 목표를 정하든 않든 나름의 가치를 창조해 나간다. 모두가 잘 아는 연세대 K 명예교수는 100세 시대의 아이콘이다. 어렸을 때 잔병치레를 많이 했다고 하는데도 말이다. 인명의 길고 짧음은 사람 몫이 아닌 것 같다. 그 나이에도 강의 요청이 밀리고 원고 청탁이 이어지고 있는 것은 그의 능력이요 축복이다. 그의 칼럼은 경험철학에 근거하면서 몇 줄의 글로 독자의 마음을 한데 묶어 놓는다. 흔히 글 쓰는 이가 터치에 빠지기 쉬운 정치 얘기를 멀리하고 누구나 공감하는 삶의 경륜을 쉽게 풀어 놓음으로써 독자와 친근한다. 100세를 살고 있는 그의 삶의 무게는 어떠하며 가중치는 무엇일까.

또 한 분 빼놓을 수 없는 연세대 명예교수가 있다. 행정대학원장을 지낸 Y 교수는 나와 특별한 인연이 있다. Y 교수의 형이 내 고교 시절 영어 교사였다. 수업 시간에 당시 유명한 미국 배우와 영화 이야기를 해 주는 등 항상 유쾌한 모습을 보여준 젠틀맨 선생님이 눈앞에 아른거린다. 세브란스에 관한 이야기를 너무 많이 해서 그때 선생님의 별명이 세브란스로 통했다. 나중에 미국에 가서 정신과 의사를 지내셨다.

　Y 교수는 내 학위논문도 지도하셨다. 90의 나이에도 쟁쟁하고 중국어를 배우기 위해 학원에 다닌 지가 수년이 되더니 중국어 구사가 대단하다. 죽을 때까지 배우고 죽을 때까지 활동한다는 그의 삶의 신조인 活到老와 學到老는 내 삶의 방향이 되었다. Y 교수의 삶의 무게는 얼마나 될까.

　창밖을 보니 여기저기 흩어져 있던 구름이 엉키더니 하늘이 어두워진다. 장마가 시작되는 신호다. 늘 봐 온 여름날의 하늘이지만 순간 변화는 인생의 그것과 닮았다.

　누구에게나 삶의 무게가 있을 것인데 사람들은 그런 것을 생각지도 않고 덤덤히 산다. 삶의 무게를 달 수는 없지만 어떤 삶을 살았는지 자신의 삶의 저울 눈금으로 측정이 가능할 것이다. 삶의 무게는 어떻게 잴 수 있을까. 그저 눈대중으로 남의 삶 무게를 어림잡을 수는 있지만 자기 삶의 측정은 자신만이 할 수 있다.

　요즘 나는 내 삶의 무게는 어느 정도이며 어디에 가중치를 두고 살아왔는지 생각할 때가 있다. 거짓 없는 양심의 눈으로 삶의 무게를 측정할 수 있을까. 솔직히 말해 나는 내 의지에 따라 앞만 보고 쫓기듯 살아온 터라 좋은 삶과 그렇지 못한 삶이 뒤범벅이다.

관조의 세계에 들어가 조용히 내 삶을 조명해 보니 그래도 좋은 삶을 살아왔다고 자위해 온 것들이 가식적이고 이기적이다. 자신의 삶에 충실한 것을 미덕으로 알고 거기에 가중치를 둔 것이다. 삶의 백지에 차근차근 채워 온 흔적들이 뚜렷이 보인다. 굴곡이 많았음이 확인되고 있다. 겸손은 고사하고 매사가 억지투성이다. 부끄러운 삶은 아닌 것 같지만 무게 있는 삶을 살았다는 확신이 없다.

다행인 것은 한 분야의 전문가로서 국가와 사회, 학문 분야에 작은 힘이라도 보탠 흔적이 지방자치 역사 기록 한 모퉁이에 남아있을 것이라는 안위감이다. 해야 할 일, 하고 싶은 일을 잘할 수 있다는 것은 생의 축복이다. 남은 인생을 다듬어 가면서 살고 싶다.

어제는 오늘이었고 내일은 또 다른 오늘이다. 항상 오는 오늘은 새날로 받아들이면서 살고자 한다. 장대비가 잠시 그친 모양이다. 눌려있던 햇살이 얼굴을 내민다. 새로운 오늘을 채비하고 있다.

•2020. 9.

순교 성지의 고요

인간과 종교는 끊을 수 없는 관계다. 생로병사를 겪으면서 한정된 삶을 살아야 하는 운명이기에 정신적·영적으로 의지할 수 있는 절대적 대상을 희구한다.

믿음이나 신앙의 출발이다. 세상에는 여러 형태의 신앙 대상이 존재하며 그것을 선택하고 만들어 가는 것은 인간이다. 토테미즘과 체계화된 종교가 공존하는 근거다. 서양은 기독교에, 동양은 불교에 기반을 두고 있는 것은 나름의 종교문화 형성 과정이 다르기 때문이다.

예수, 석가, 공자는 범인이 미치지 못할 독특한 카리스마가 있어 신의 위치에 서게 된 것이다. 인간이었지만 신이 되었고 신과 인간과의 관계가 체계화되어 기독교, 불교, 유교 등 종교로 발전되어 왔다.

　대학에 있을 때 사회복지를 전공하는 수녀들의 지도교수를 맡은 적이 있다. 평소 수녀에 대한 외경심을 가진 터라 평생을 종교에 귀의한 그들의 삶을 이해하기가 어려웠다. 그러나 자기 종교에 대한 열정과 믿음에서 남이 모르는 무한한 행복감을 가지고 있다는 것을 알게 되었다.

　7월 초, 이스라엘 성지순례 길을 떠났다. 기독교 신자로서 별러오던 버킷리스트였다. 수천 년의 기독교문화 흔적이 생생히 남아 있어 종교의 위대함을 실감할 수 있었다. 기독교의 역사는 대략 4천5백여 년이 된다고 한다. 큰 틀에서 기독교를 신·구약시대로 나눌 수 있고 그 안에 가톨릭이 있다. 그래서 기독교를 깊이 이해하기 위해서는 가톨릭을 알아야 한다. 종교는 형이상학을 초월하는 위치에 있지만 종교조직은 인간에 의해 관리되는 체계다. 사람들이 다양한 목적을 가지고 신을 앞세워 같은 종교를 분화시키면서 자신들의 목적을 성취하고 있는 것이다. 가톨릭은 수천 년의 전통을 피라미드식 조직 형태를 취하면서 종교체제의 일관성을 유지한다. 반면 일반적으로 말하는 기독교는 인간 욕구의 다양성으로 분화 종교로 꾸준히 변화 발전되었고 그에 따라 교회는 독립적 단일체제로 운영되고 있다.

　대구 근교 팔공산 자락에 있는 '한티순교성지'를 찾았다. 해발

약 700m 한티재와 인접해 있는 이곳은 1815년 을해박해와 1827년 정해박해 등 경상도 천주교 수난 때에 팔공산 깊은 산골에 숨어 지내다 순교한 옛 천주교인들이 살던 곳이다. 당시 거주하던 움막과 예배 장소인 공소 등이 재현되어 있다. 지금은 피정의 집, 순례자의 성당 등 현대식 건물이 들어서 있다. 순례자는 물론 공원 같은 분위기라 일반 관광객들도 많이 찾고 있다.

33기의 무명 순교자들이 묻혀 있는 묘소 길에 들어섰다. '십자가의 길'이라는 푯말을 따라 올라가는 산언덕 오솔길은 가파르지가 않아 보행이 한결 편하다. 산속이라 사위가 숲이고 적막감마저 든다. 풀벌레가 뛰는 것을 보면서 가끔 무덤에 눈을 주면서 가을의 초입을 느낀다. 40여 분간 걷는 길에는 띄엄띄엄 무덤들이 있다. 비석도 없이 오랜 풍상으로 봉이 평평하다. 고즈넉함이 순례자를 자꾸 숙연케 한다. 십자가의 길을 걸으면서 종교와 인간의 삶을 되뇌어 보는 시간을 가진 것이 아주 유익했다.

한티순교지를 다녀온 후 기독교 성지순례지를 찾아봐야겠다는 마음이 생겼다. 10월 초, 여수시 율촌에 있는 손양원 목사 순교지로 향했다. 손양원 목사는 신사참배 거부로 투옥, 1948년 여순사건 때 장남과 차남을 여의고 자식을 죽인 원수를 양아들로 삼았다는 이야기로 유명하다. 그는 6.25 때 공산당에 의해 순교를 당했다. 사회주의 국가가 기독교에 대한 종교적 통제를 하고 있는 것은 순전한 인간의 정치적 욕심이라는 생각을 떠올린다. 가톨릭 순교성지가 단일체제로 운영되는 것과 달리 순교기념관은 단일교회에서 건립하고 운영되고 있다. 손양원 목사는 율촌에 있는 애양원 교회에서 나환자들을 돌보면서 사역하였다. 바로 그 교회가 주체가 되어 순교기념관을 건립한 것이다.

1994년 3월에 준공된 이 기념관은 512개 교회, 108개 기관, 663명의 개인 헌금으로 지어졌다고 한다. 순교기념관 가까이 낮은 산 중턱에 손양원 목사와 두 아들의 무덤이 위아래에 있다. 묘지는 규모가 크고 잘 가꾸어져 있었다.

기대에 비해 순교지에서 감흥을 받지 못한 자신을 책하면서 오솔 산길을 내려온다. 가톨릭 순교 성지에 비해 기독교 성지는 대부분 기독교인들만이 찾는 이유가 궁금하다.

• 2020. 10.

아빠, 우리 시청에 놀러 가요

대구시청은 나의 친정이다. 1977년 퇴직할 때까지 13여 년을 거기서 일했다. 처음 직장이었고 비전의 날개를 달아준 곳이라 지금도 시내에 나가면 일부러 시청 앞까지 가본다. 시청 주차장에는 그때 보건사회국 건물이 있었다. 결재를 받기 위해 하루에도 몇 번이나 삐꺽거리는 2층 목조건물을 오르내렸다.

대청소가 있던 어느 날, 오래된 내 의자 속 바탕에서 고무락거리는 생명체를 발견했다. 털도 나지 않은 10여 마리의 갓난 쥐였다. 여직원들은 징그럽다고 야단이다. 보기 힘든 것이라 모두들 신기해했다.

달서구 옛 두류정수장에 대구시 신청사가 들어서게 되었다. 시청사 이전을 위한 시민참여단에 전문가그룹의 일원으로 참여하였다. 4개 구·군이 벌인 유치 활동은 '시청사는 우리 지역에'라는 핌피PIMFY 현수막이 잘 말해 준다. 시청사 유치를 위한 구·군의 경쟁은 비교적 차분했다. 소규모의 집회와 자치단체의 홍보물, 내건 현수막이 대종이었다. TV를 통한 지역홍보는 색달랐다. 8개 구·군 가운데 절반만이 유치경쟁을 해서인지 이전지가 확정되기 전까지 대구시민들의 관심은 별로였다.

2박 3일간 합숙해야 하는 시민참여단은 250명으로 구성되었다. 구·군에서 만든 세밀한 자료와 해당 단체장의 브리핑을 듣고 적격지를 선정하는 작업이 부여되었다. 사회과학적 무작위로 뽑힌 멤버들은 첫눈에도 다양함을 느낄 수 있었다. 거의가 편안한 복장으로 나왔고 노인, 중년, 청년 등 평범한 남녀 시민들이 골고루 섞였다. 젊은 층의 참여율이 30%가 넘는다고 했다.

브리핑을 하는 단체장들은 적극적이었고 진지한 모습을 보였다. 중·북·달서구청장은 첫머리 인사 정도만 하고 주요 내용의 브리핑은 관련 직원이 맡았다. 달성군은 군수가 언론인 출신답게 시종일관 달변으로 브리핑을 하는 열정을 보여 많은 박수를 받기도 했다. 쉬는 시간에 만난 나이 든 한 아주머니는 "사람 보고 정하라면 달성군으로 하겠다."는 말을 거침없이 했다.

하지만 단체장의 설명이 후보지 확정에 별로 영향을 준 것 같지는 않았다. 4개 후보지를 답사하면서 현장에서 느낀 점이 크게 작용했으리라는 생각이 든다.

대구시는 2019년 12월에 신청사 건립 예정지를 확정하겠다며 관련 조례제정, 공론화위원회 설치, 시민참여단 구성, 후보자 신청 접수, 시민참여단 평가 등의 일정을 마련하였다. 청사 이전지를 확정하기까지 신청사 건립 공론화위원회의 역할이 매우 컸다. 공론이란 사적인 논의가 아니라 공공에 의한 공식적인 의제라는 뜻을 담고 있다.

절차에 따라 250만 시민을 대표하는 시민참여단을 만들고 후보지를 결정했지만 4개의 후보지는 각각 장·단점이 있었다. 여건이 서로 다른 후보지를 두고 5개 기본항목과 7개 세부 항목 간의 중요도를 참작하여 입지 선정을 하는 것은 쉬운 일이 아니다. 따라서 항목 간의 가중치 배치는 철저한 과학적 기법에 기댈 수밖에 없다. 공동 토론회에서 조별로 나눈 시민참여단의 질문은 예리하고 합리적·실용적이었다. 어려운 결정을 할 때 보여온 속 깊은 대구 사람들의 성향을 발견할 수 있었다.

250명의 시민참여단이 대구시민의 생각을 대표한다는 것에 우려도 있지만 참여민주주의 방법으로 최선의 대안을 찾았다는 것은 매우 중요한 것이다. 시민참여단은 행정공간, 공공건물의 사회적 기능, 재정 등을 고려, 후보지 4곳을 비교하면서 입지 선정을 하려고 애쓴 것이다.

이제 공은 대구시로 넘어갔다. 4개 구·군이 시청을 이렇게 지을 수 있다는 설계계획이나 조감도까지 내놓았지만 무용지물이 되었다. 대구시 청사를 짓는 주체는 대구광역시다. 단순 개념으로 시청은 시 행정사무를 보는 건조물이다.

요즘 시민들이 시청에 가서 민원을 보는 일은 거의 없다. 누구나 대구시청이 대구의 랜드마크가 돼야 한다는 말을 쉽게 한다. 랜드마크는 어떤 지역을 대표하거나 구별하는 표지다.

사는 환경이 많이도 변했지만 아직도 대구, 하면 사과를 떠올리는 이도 있을 것이다. 세계의 유명 도시는 도시의 특징이나 이미지를 쉽고 간명하게 전달하는 슬로건이나 랜드마크를 가지고 있다. 프랑스 에펠탑, 뉴욕 자유여신상 같은 것들이다.

시청사는 관청 건물만이 아닌 시민들 누구나 찾고 싶은 공유물이 되어야 한다. 아이들이 "아빠 우리 시청에 놀러 가요." 하는 말을 쉽게 할 수 있는 다목적 시청사가 건립되기를 바란다.

• 2020. 11.

新

골동품
초정 선생
안갯길
백담사 회고
새삼 종교를 생각하다
개와 사람
가면
종교와 종교인
칼럼 장르
중수필, 칼럼 사랑
문화와 문학, 나

골동품

　아내가 나서 살던 곳은 청송 두메 '고디'라는 곳이다. 더 갈 곳이 없는 산 밑 아래 집성촌에는 몇 가구만 있을 뿐 상시 적막한 산골이다.
　신혼 시절, 잔자갈이 지천으로 깔린 신작로에서 멀리 보이는 마을에 가려면 개울을 건너야 했다. 폭이 좁고 얕은 곳이지만 큰물이 나면 함부로 건너지 못한다. 수초를 품은 맑은 물에는 잔챙이 떼가 물살 따라 오르내리고 여기 저기 키 작은 야생화가 바람결에 흔들리는 것을 보면 어느새 마음이 고즈넉해진다.
　먼 산, 하늘을 이고 시구를 읊조리며 논둑길을 걷는다. 볕 좋은 초가을, 돌 징검다리 개울을 건넜을 때 바로 눈앞에 연황색 구렁이가 똬리를 틀고 있었다. 길이가 다섯 자는 넘을 성싶었다. 겁을 잔

뚝 먹고 그 자리에 한참 서 있었지만 몸 마르기에 집중하는지 눈을 감은 채 미동이 없다.

산골 10여 호 집들은 모두 초가였으나 아내가 살던 집은 큰 마당이 있는 기와집이었다. 읍내에서 정미소를 운영하는 장인은 20리 길을 매일 오토바이로 출근하셨다. 중량급 오토바이를 타는 모습을 보면서 농촌에서도 깨인 분이라는 생각을 했다.

겹집 살림이 힘들었던지 정미소 큰 마당에 살 집을 짓고 이사를 하셨다. 오래된 시골집에는 뭐든 옛 물건이 있을 것이라는 생각을 하면서 옛 빈집을 찾았다. 안방 한쪽에 아래위 두 쪽으로 분리된 장롱이 보였다. 이사 가는 새집에는 어울리지 않을 것이라 버린 물건이다. 골동품이었다.

아내의 말을 빌리면 아이 외할머니가 시집올 때 가져온 것으로 그때 황소 한 마리 값이라고 했다. 그 장롱은 지금 내 집 거실에 자리 잡고 있다. 오동나무 재질에 백동 장석을 붙였다. 당겨서 여는 문짝과 손잡이에 녹슨 흔적이 별로 없다. 닦고 손질하니 고동색의 나뭇결이 살아 나온다. 100여 년의 세월에도 건실하다. 별 장식은 없지만 평범한 옛 시골집의 정취를 풍긴다.

아래위 장롱 안은 많은 옷을 넣을 수 있도록 칸막이도 없고 속이 텅 비어 있다. 내게는 골동품이지만 아내는 철 따라 옷을 바꿔 넣는 간이장롱이다. 내색은 않지만 옷 정리를 하면서 옛 엄마의 숨결을 느낄지도 모른다.

　화단 구석에서 반쯤 흙에 묻힌 작은 질옹기병을 발견하였다. 혼인할 때 장모가 단술을 넣어 왔다고 하니 이것도 나이가 100살쯤 된다. 입구 주둥이가 좁고 아래로 내려오면서 볼록하니 배가 부르다. 아내는 아파트 화단에 옹기 항아리를 엎어두고 화분을 올려놓았다.

　사촌들이 모여 사는 옆집 초가지붕 아래에 10여 개의 개다리소반이 매달려 있었다. 손 대접 1인용 식판이다. 두 개를 얻어 왔다. 12각의 식판은 목수가 재주를 부리지 않고 만든 투박하게 생긴 것이지만 옛 멋이 있다. 나무못을 사용치 않아선지 녹슨 곳도 안 보인다. 열대어 구피 어항을 올려놓고 또 하나는 꽃 화분대로 쓴다.

　아파트 거실에 옛 장롱을 들여놔도 어색함이 없다. 벽 모서리의 두 칸짜리 병풍과 잘 어울린다. 장롱 위에 소품 골동품 몇 개를 올려놓았다. 백자 막술병, 주둥이가 조금 깨진 입 큰 백자 단지, 중국 여행 때 길가 골동품 가게에서 산 아기자기한 작은 술병 같은 것들이다.

　장롱 위 맨 앞쪽에 놓인 울진대종 미니어처 실물을 그대로 빼닮았다. 종 표면에는 여러 그림들이 음, 양각되어 있다. 주물 작품이지만 옛 풍물을 잘 살려 골동품 같은 냄새가 난다. 경상북도 개도 100주년 기념 대종 제작위원으로 참여했을 때 받은 기념물이라

내게는 뜻있는 물건이다. 갑갑할 때 종을 쳐 본다. 청아한 소리가 한참 동안 퍼지면서 지난날의 상념들을 불러온다.

 장롱을 닦고 골동품의 먼지를 털 때는 잠시 숙연해진다. 내 속마음에는 옛것을 추구하는 인자가 살아있음을 느낀다. 골동품은 시대를 말해 주고 개인의 삶을 돌아보게 하는 매력을 지녔다. 나는 골동품의 가치를 생각해 본 적이 전혀 없다. 좋아하는 것을 소유하고 있다는 것, 즐기는 것에 만족한다.

 따로 사는 아들에게 "이 장롱은 100년의 세월을 살았고 아빠가 잘 간수해 온 것이다. 그리고 소품 골동품에는 나의 정서가 묻어 있다. 너는 골동품을 어떻게 생각하느냐?"고 했더니 전혀 관심을 보이지 않던 아들이 "골동품이 운치가 있어 좋습니다."라는 뜻밖의 대답을 한다. 나이를 먹어가니까 옛것이 조금 보이는 모양이다. 물려줘도 괜찮겠다.

 100년 세월의 물건이 아파트 거실에서 빛을 내는 것은 옛것과 오늘의 조화, 거기에 정서가 묻어있기 때문이다. 골동품에는 삶의 짙은 스토리가 담겨 있다.

• 2021. 1.

초정 선생

 책장 한 곳에 잠시 눈이 머문다. 누렇게 변한 책들이 수십 권 꽂혀 있다. 오래된 책이지만 고서라는 거창한 이름을 붙이기는 민망하다. 보통 고서라고 하면 옛 선조들의 손때가 묻은 무게 있는 책을 연상하지만 내 나름의 고책은 그런 류가 아닌 그저 오래된 책일 뿐이다. 대략 70여 년 전에 발간된 것들이다. 서른 권을 조금 넘는 책은 하나 없이 표지가 낡고 닳아 만지면 금방 으스러질 것만 같다.
 고책은 특별한 보관 방법 없이 그냥 책장에 꽂혀 있다. 오랜 세월, 책을 펴 본 기억이 없다. 책에 대한 모욕이다. 서재 한구석을 차지한 고책들은 내 삶에 위로와 허전함을 채워주는 존재에 불과하다.

고교 시절, 아무 책이나 마구 읽고 책장을 장식하고 싶은 때가 있었다. 당시, 대로변 양지바른 길목에는 길거리 책방이 있었다. 주인은 큰 돗자리 위에 리어카에서 내린 많은 책들을 아무렇게나 펴 놓고 손님을 기다렸다. 책을 정리하지 않고 누구나 이 책 저 책을 자유롭게 고르게 하는 것은 거리책방의 독특한 장사 방법이다. 어른들이 따로 찾는 책들도 있었지만 문학서가 대종이었다.

나는 길거리 책방의 단골이었다. 간단히 책을 읽을 수도 있지만 무엇보다 책 고르는 재미가 있었다. 헌책방 가게와는 비교할 수 없을 정도로 책값도 헐했다. 길거리 다른 책방 이곳저곳에서 한두 권씩 사 모은 것들이 지금 내 서재를 장식하고 있다. 가끔씩 고책들에 눈을 주면 독서삼매경讀書三昧境에 빠졌던 내 소년 시절이 파노라마가 되어 획획 지나간다.

고책에 얽힌 이야기다. 김진섭의 수필집 『생활인의 철학』은 내게 특별한 책이다. 중·고교 때 구입한 것이다. 고려인쇄소란 곳에서 단기 4288년 9월 20일 발간되었다. 약 70년 전 것이다. 책 맨 뒷장에는 옛 책 소유자의 이름이 있다. '순애에게'라고 쓴 글씨를 보면서 문학청년이 여친에게 준 책이라는 감을 잡는다. 여친은 그 책을 왜 헌책방에 팔았을까? 아련한 마음이 교차한다.

세로로 인쇄된 이 책은 한글보다 한자가 더 많다. 글의 주제를 보면 작가 김진섭은 여러 안목으로 글을 썼다는 것을 발견한다.

「송춘」, 「건국의 길」, 「감기 철학」, 「문화조선의 건설」, 「병에 대하여」, 「문학열」, 「문화와 정치」, 「농민 예찬」, 「금전 철학」, 「주부송」, 「문장의 도」 등 다양한 안목으로 수필문학에 접근하고 있다. 얇은 종이 책면이 부서질까 조심스럽게 목차를 들춰본다. 안톤 슈나크의 「우리를 슬프게 하는 것들」이 맨 앞에 있다. 고교 시절 국어책에서 만난 것들이라 몇몇 작품은 내게 아주 친밀하다. 무엇보다 '남아수독오거서男兒修讀五車書'에 묻혀 많은 책을 섭렵하던 때의 좋은 추억에 잠길 수 있어서 좋다.

또 하나의 책이 있다. 김상옥 『시와 도자』라는 이름의 산문집이다. 1975년 3월 25일 대한공론사라는 인쇄소에서 발간된 것이다. 대학에 근무할 때다. 서예를 좋아하는 K 교수와 친밀한 관계에 있었다. 어느 날 초정 김상옥이 그의 연구실에 와 있다는 긴급 연락이 왔다. 처음 만났지만 친밀감이 있었다. 국어책에 실린 「백자부」, 「봉선화」의 저자이기 때문일까. "비 오자 장독간에 봉선화 반만 벌어/ 해마다 피는 꽃을 나만 두고 볼 것인가/ 세세한 사연을 적어 누님께로 보내자" 지금도 이 시조를 읊으면 시골 흙담 아래에 핀 봉선화가 보인다. 문학예술의 향기는 짙고 질기다.

깐깐한 듯 보였지만 얘기를 나누는 중에 그의 깊은 인품을 볼 수 있었다. 서예에 사용하는 일체의 물목들을 지니고 다녔다. 그의 작품집 『시와 도자』에 내 이름을 곁들어 간단한 축서를 써 주고 붉은색 낙관을 금방 그린다. 내 호를 따서 '백암산방白巖山房'이라는 현판용 글을 써 주었다. 액자를 만들어 서재 방에 걸어두고 있다.

  '나이 들면 모든 것을 비워야 한다'는 말을 자주 듣는다. 탐욕을 버리고 홀가분하게 살라는 의미다. 나는 그 말을 쉽게 소화하지 못한다. 말은 쉽지만 비우기는 정말 어렵다. 왜 비워야 하는가. 비우는 것은 자신의 정체성을 포기하는 것이다. 의식적으로 그렇게 할 필요가 있을까. 비우면 생각이 단조로워지고 욕구가 상실된다. 세상은 시시각각 변한다. 변화에 대처하며 사는 것이 현명한 삶이다. 변화는 문명과 문화에 대한 순응이다. 욕구는 삶을 유지케 하는 근원이다. 욕심은 버리되 욕구는 재생되어야 한다. 내가 해 온 일들은 모두 나를 위한 것이다. 고책이 꽂힌 서가에 눈을 돌린다. 숱한 세월에 책은 찌들었지만 나와 같이해 준 것이 고맙다. 고책에서 살아온 숨결을 느끼고 식어져 가는 욕구의 생성을 배운다.

•2021. 3.

안갯길

외국 여행도 좋지만 국내에도 외국 못잖은 곳이 의외로 많다. 실제 여행을 해 보면 실감한다.

여행 마니아인 친구 부부와 함께 네 사람이 3박 4일 자동차 여행을 떠났다. 언론사 이사로 퇴직한 친구는 국내 지리에 밝다. 군대 장교를 지낸 그는 독도법도 뛰어나지만 지도 없이도 고속도로든 국도든 거리낌 없이 다닌다. 운전을 꺼리는 나는 늘 친구 차에 얹혀 다닐 때가 많다. 하지만 장거리 여행에는 싫든 좋든 운전을 피할 수가 없다. 고속도로를 달리다가도 그대로 두면 길을 잘못 들 때가 잦아 친구는 늘 옆자리에서 이리 가라 저리 가라 훈수를 한다. 왜 이리 길눈이 어두울까 자책할 때도 있지만 잘 고쳐지지 않는다.

김해·의성·고령 등지의 대학에 강의 가는 날은 언제나 집사람이 조수석에 있었다. 아내는 운전은 못 하지만 나보다 이정표도 잘 보고 길눈이 밝다. 옆에서 길 코치를 해주는 데만 의지해선지 몰라도 10여 년간 같은 길을 다녔지만 혼자 두면 서툰 것이 많았다.

  강원도 평창까지는 먼 여행길이다. 바꿔 운전을 하지만 고속도로 운전은 내가 많이 하는 편이다. 운전을 잘해서가 아니라 앞만 보고 가면 되고 안전운전을 하는 데 집중하는 내 자세 때문이다.

  이효석문학관을 비롯하여 알펜시아 동네, 허브나라, 낙산사 등 여러 곳을 다녔다. 관심 있는 분야라서 그런지 지방의 특징 찾기에 눈길이 간다. 국내 어디를 가든 도로 하나만큼은 세계 일류다. 강원도가 완전 관광도시, 청정 리조트 지역으로 탈바꿈했다. 촌것으로만 여겼던 감자, 옥수수, 막국수 등 먹을 것들이 별미가 되어 도시 관광객을 모은다. 농민들의 생활문화 수준이 높아지고 있음을 실감한다. 요즘 웬만한 농촌에서는 연 수익 1억을 넘는 농가들이 허다하다는 말을 자주 듣는다. 기계화된 농사 기술도 있겠지만 농민들도 과학적인 영농을 하고 작물을 소화하는 방법도 디지털화하는 등 첨단 농업을 하고 있기 때문일 것이다.

  이효석문학관에 들렀다. 전시실 유리 박스 안에 가지런히 놓여 있는 『메밀꽃 필 무렵』, 『문장』, 『화분』 등 초판의 작품집이 정감을 더해 준다. 누렇게 변질된 책표지가 세월의 풍상을 말해 주고 있어 심란하다. 문학관의 건물이나 널따란 주변 지역의 규모가 방대하여 문학이 주는 따뜻한 정감보다 관광객들을 모으기 위한 이벤트에 키를 맞춘 것 같아 떨떠름한 기분이 가시지 않는다. 봉평, 메밀꽃 필 무렵의 정서를 찾지 못한 것이 못내 아쉬웠다.

낙산사에 가려면 대관령을 넘어야 지름길이다. 높이 832m의 굽이굽이 아흔아홉 개 고갯길이 삼십여 리 넘게 뻗쳐있는 고개다. 자동차 여행은 날씨가 좌우한다. 땡볕 날씨도 좋지 않지만 비가 많이 오면 기분을 잡친다. 마침 여행 당일은 운전하기에 딱 좋은 날씨였다. 고갯길 아래에서부터 운전대를 잡았다. 엔진 마력이 높아선지 차는 별 힘 안 들이고 조용하게 고개를 오른다. 10여 분이나 지났을까. 옅은 안개가 차 앞을 스멀스멀 스쳐 지나간다.

안개의 긴 행렬은 흩어짐을 반복하면서 눈앞 창문을 휘감는다. 앞도 옆도 전혀 보이지 않는다. 곧 정상에 닿겠지 마음 졸이면서 앞차의 미등만 보고 운전한다. 차 안 누구도 말이 없다. 모두가 마음 졸이고 있을 게 뻔하다. 안개가 이 정도였다면 고개를 넘자는 일행은 아무도 없었을 것이다. 높이 오를수록 안개는 점점 더 짙어간다. 운전대를 꽉 잡았지만 불안이 엄습해 온다. 앞서가는 차의 후미등도 보이지 않는다. 백미러에서 차 몇 대가 따라붙는지 희미한 불빛이 보이다간 없어진다. 초행길이라 정상까지 얼마나 남았는지 가늠할 수가 없다. 와이퍼를 빨리 움직여도 차창에는 물방울이 비같이 쏟아 내린다. 어깻죽지가 아파온다. 안개 속의 운전이 이렇게 힘든 줄은 몰랐다. 한참 만에 짙은 운무가 좀 엷어지고 있다는 느낌을 받는다. 정상을 넘어선 것이다. 희한한 것은 정상 아래쪽에는 안개가 없었다. 앞이 탁 트였다. 살 것 같았다.

안개는 수증기가 응결하여 지표 가까이에서 작은 물방울이 떠 있는 현상이라고 한다. 높은 산의 안개는 구름이다. 산에서는 안개요, 평지에서는 구름으로 보인다.

사람들은 인생을 안개에 비유한다. 삶이 짧고 변화무쌍하다는 말일 게다. 짙은 안개 저쪽에는 반드시 빛나는 태양이 있다. 안개는 걷히기 마련이다. 사는 것이 어렵고 힘들더라도 날마다 오는 날을 새날로 받아들이면 좋은 날이 필경 올 것이라는 생각을 해본다.

• 2021. 7.

백담사 회고

동해안 바닷길을 끼고 차창에서 보는 바다는 끝이 없고 조용하다. 오징어 말리기 설치대가 텅 비어 있어 울진 해변의 운치가 아쉽다. 그나마 바람결에 묻어오는 비릿한 냄새가 바닷가 정감을 대신한다.

거침없이 트인 바다를 보면 찰나지만 자신을 되돌아보는 기회를 얻는다. 자연만이 줄 수 있는 귀한 선물이다. 사람의 한 생애는 무쌍 다양한 변화 속에서 안락한 자신의 자리를 찾기 위해 노력하는 과정이다.

해변길을 벗어나니 우람찬 푸른 산이 눈앞에 전개된다. 아카시아꽃이 산악 곳곳에 듬성듬성 군락을 이루면서 색의 앙상블을 연출한다. 사람 사는 곳에서는 서로 다른 생각과 이념을 조화시키자는 말들을 쉽게 하지만 좋은 끝을 보지 못하는 경우가 숱하게 많다. 양보를 멀리하는 자기중심 허욕 때문이다. 자연의 조화를 닮아가는 살 만한 세상을 만들어 갈 수는 없을까. 바다는 바다대로 산은 산대로 무언의 가르침을 준다.

일주일 국내 여행의 둘째 날이다. 백담사 오르는 길 초입에서 버스를 탄다. 몇 번 와 본 길이지만 절까지 가는 길은 옛 그대로다. 비포장도로 울퉁불퉁 꾸불꾸불한 길을 버스 운전기사는 예사롭게 차를 몬다. 차 한 대가 다닐 수 있는 좁은 길 한쪽은 계곡이요 다른 한편은 돌벽 산이다.

벽 쪽에 붙어서 버스는 쉼 없이 산을 오른다. 물이 있어야 할 계곡 바닥이 바짝 말라 흰 바위들이 질펀하게 온몸을 드러내고 있다.

백담사라고 하면 크고 흰 바위가 연상된다. 한자에 큰 바위 암巖 자가 있다. 나의 호가 백암白巖이다. 불혹의 나이 때 이웃 목사님이 지어준 것이다. 강원도 인제 산골 백담사는 신라 시대의 고찰로 이름이 나 있지만 사람들이 많이 찾고 유명한 절로 알려진 것은 다른 데 있다. 한때 전두환 전 대통령이 이곳에 유배되어 거처했던 곳이다. 고인이 되었지만 그는 한 시대를 풍미한 한국의 대통령이었다. 여러 정치적 이유로 치욕의 세월을 여기에서 보냈다.

당시 백담사는 산과 골이 깊어 주로 등산객만이 찾는 외딴 절이었다. 부인과 함께 험준한 산골짜기 절에서 은둔 생활을 한 그의 흔적은 보는 이들에게 안타까움을 주기도 했지만 대통령 부부가 살았다는 소문으로 이름난 관광지가 되었다. 백담사를 찾는 사람들은 누구나 그가 살던 작은 초가 누옥을 볼 수 있었다. 두어 차례 백담사를 찾았을 때까지 전 대통령 부부가 살았던 곳, 비가 올 때 천장에서 새는 빗물을 받았다는 용기까지도 초가 작은 집에 그대로 있었다.

아! 아! 그러나 이게 웬일인가. 유배 생활, 대통령 부부가 살았던 초가 그 집이 자취도 없이 사라진 것이다. 후세에게 전해줄 귀한 역사적 교육물을 왜 없앴을까, 여러 상념들이 고개를 쳐든다. 수십 년간 백담사 마을버스를 운전해 온 기사에게 전 대통령이 살던 집을 누가 왜 없앴는지 물었다. "절에서 없앴는데 그 이유는 모른다."고 했다. 백담사가 유명해진 것은 전 대통령의 유배지라는 사실을 모를 일이 없는데 절에서 그 집을 왜 없앴을까? 사찰 경내에 계속 들어서는 건축물에 방해가 되었다면 절 한편 외딴곳에 그 초가 누옥을 옮겨 놓을 수도 있지 않았을까. 역사물을 부득이 정리해야 할 때는 그 자리에 있었던 옛 흔적 안내문을 세우는 것이 상례인데 그런 것마저 안 보인다. 혹여 여기에도 정치적 입김이 불었을까.

이런저런 생각이 꼬리를 문다. 이제 백담사는 전두환 전 대통령의 유배지였다는 사실도 잊혀가면서 그곳 어디서도 그 자취를 찾아볼 수 없게 되었다.

절 경내에 있는 한용운의 기념관을 찾는다. 만해는 영원한 애국자, 전 전 대통령은 7년간 나라를 통치했지만 치욕의 삶을 산 패역한 인물로 재단되는 인간사회의 가치 잣대를 보면서 인간 삶의 참모습이 어떤 것인지 반추해 본다.

절 바로 앞 개울, 자갈밭 여기저기에 조그맣고 올망졸망한 탑 수백 개가 자리 잡고 있다. 아래에는 큰 돌, 위로 가면서 점점 작은 돌을 쌓아 올린 솜씨가 대견스럽다. 절을 찾은 이들이 소원을 빌기 위해 만든 것들이다. 마침 한 쌍의 청춘남녀가 탑 쌓은 것이 성공했는지 손뼉을 치면서 크게 소리를 지른다. 돌탑을 쌓으면서 사람들은 무엇을 빌었을까.

절을 내려오면서 잠시 상념에 잠긴다. 앞으로 남은 생을 어떻게 살아가야 할까, 정녕 가치 있는 삶은 무엇일까, 인간은 끝까지 정치적 동물, 아집에서 벗어날 수 없는 존재일까. 산에 오르면 추울까 봐 두텁게 입었던 옷을 벗어 훌훌 털면서 마음속에 덧끼인 먼지도 털어 버려야겠다는 생각을 한다.

• 2022. 2.

새삼 종교를 생각하다

고교 시절, 질병으로 휴학 중 동네 아주머니의 권유로 통일교회에 나간 적이 있다. 기도를 받으면 병이 낫는다고 했다. 교회에서는 성경 위주의 설교를 하지 않고 창조 원리, 타락 원리 등 궤도에 무슨 그림을 그려놓고 강의를 하고 있었다. 그때 지성인이 모이는 교회 같은 느낌을 받았다. 두어 달쯤 다니다가 그만뒀지만 기성교회들로부터 이단이라고 지목받던 통일교회가 이제는 세계적인 종교조직으로 성장하였다. 종교의 자유가 허용되는 국가에서는 종교재단 등록에 하자가 없으면 그 종교의 색채와 내용이 어떻든 간섭하지 않는다. 물론 사회법을 위반하지 않는 범주 안에서다.

종교의 출발점은 어디일까. 복 받기를 바라면서 한정된 삶을 사는 인생은 믿음의 대상을 찾기 마련이다. 많은 종교를 보면서 토테미즘을 시작으로 좀 더 체계적이고 조직적인 체계로 발전한 것이 종교조직이 아닐까 생각해 본다. 사회를 구성하는 모든 체제는 고정적이 아니고 발전·생성한다.

과학과 종교를 별개로 말하는 이들도 있겠으나 신학도 학문이란 측면에서 과학으로 접근 가능하다. 그러나 종교의 깊은 경지에서는 신학은 독자적인 위치를 가진다. 과학으로 접근 불가능한 부분으로 인간의 능력으로는 해결할 수 없는 신의 세계가 따로 존재하기 때문이다. 요한1서 4장 12절에는 "어느 때나 하나님을 본 사람이 없으되"라는 구절이 있다. 인간이 미칠 수 없는 한계를 말해 주고 있는 것이다.

세상과 사회의 모든 체제는 인간들이 꾸준히 가치를 찾고 다듬어 간다. 종교도 그렇다. 사람들은 종교를 통하여 불안감을 없애고 정신적 안정을 찾으려고 한다. 이단이나 사이비 종교는 이런 틈새를 찾으려고 사력을 다하고 특히 사람을 미혹하는 기술이 출중하다. 그런 유혹에 빠지는 것은 인간이 미약하기 때문이다.

원래 종교는 정치의 수단으로 출발했다고 볼 수 있다. 권력자가 종교의 이념을 정치화하여 그 목적하는 가치를 역 이용하고 종교조직의 권한이 방대해지면서 정치를 뛰어넘는 권력 수단으로 변형되었다. 현대종교는 순수한 종교 가치를 표방하면서도 그 속에는 종교지도자의 개인적 이념과 욕구가 중첩되어 조직의 확대를 위해 경제적·금전적 추구를 중시하는 경우를 보이기도 한다. 마르틴 루터의 종교개혁은 오랫동안 쌓여 온 일탈된 종교적 바벨탑을 깨뜨리는 데서 출발했다.

종교 지도자들 가운데는 보통 사람과 다른 독특한 인간형이 있다. 종교를 앞세워 경제적 이득을 취하는 거짓 지도자가 있는가 하면 종교에 정치를 이식하여 자신의 위치를 강화해 나가는 정치형 지도자도 있다.

가톨릭 어느 신부가 지나치게 현실 정치에 편향되어 종교의식이 아닌 굿판을 벌인 사실을 보면서 종교가 무엇인지 다시금 생각게 한다. 해외 순방 중인 대통령 부부가 탄 비행기가 추락하기를 바라는 저주의 기도를 했다. 하나님이 그의 기도를 들어줄 리 만무하지만 그는 정치에 함몰되어 신부로서의 위치를 완전 망각하는 양태를 보였다. 그가 한 짓을 보면서 가끔 영화에서 신부 옷을 입은 거짓 성직자가 악령의 종이 되는 장면을 떠올리면서 마귀의 종이 아닌가 하는 생각이 퍼뜩 들었다. 신부가 어떻게 그 같은 행태를 보일까 이해가 가지 않는다. 그 신부는 면직되지 않고 정직 처분을 받았지만 신부직은 유지된다고 한다. 그런 사이비 신부를 파면하지 않는 것에 의아심을 가진다. 모르긴 하지만 세간에서 잊히면 악령의 신부로 다시 태어나지 않을까 우려된다. 항간에는 손가락질받는 스님도 목사도 있지만 그같이 노골적으로 남을 죽이기 위해 저주를 퍼붓는 성직자는 없었다. 이 밝은 대명천지에서 종교의 이름으로 혹세무민하는 이들이 있다는 것이 놀랍기만 하다.

　사회조직 체제에서 종교는 문화적 조직으로 분류된다. 문화는 사람의 생각, 가치, 행동 등을 총괄하는 개념이다. 기독교는 하나님을 유일신으로 믿는 종교문화다. 세상이 많이 변한다고 해서 종교가 그에 따라가서는 안 된다. 성결교는 어떤지 그 실상을 모르는 교인들도 다수 있을 것이다. 나는 여느 종교, 기독교 단체들보다 성결교는 종교적 뿌리가 다르다고 생각한다. 사중복음인 중생, 성결, 신유, 재림이 딱 받쳐주고 있기 때문이다. 65년 넘게 신앙 생활을 해 온 내가 이런 글을 쓴다는 것이 아이러니하다는 생각을 한다.

・2022. 7.

개와 사람

어릴 적 우리 집에서 개를 키운 적이 있다. 그때는 개의 귀가 바로 서 있으면 셰퍼드인 줄 알았다. 윤기 나는 검은 털을 가진 '바꾸'는 여느 개들보다 몸집이 좀 큰 것으로 기억한다. 개는 도둑을 지키는 것이 임무였다. '맹견 주의'라는 팻말이 붙어 있는 큰 집들이 많았다.

우리 가족 중에 '바꾸'를 살갑게 대하는 사람은 없었다. 때가 되면 개밥을 주는 것이 고작이었다. 어느 날 '바꾸'가 집을 나갔다. 형과 나는 온종일 개를 찾아 헤맸지만 '바꾸'는 영영 집에 돌아오지 않았다. 개장수가 동네를 돌아다니던 때라 잡혀간 것이 아닌가 생각한다. 어머니는 집에 범띠가 있으면 개가 안 된다는 말을 종종 했다. 형이 범띠다. 지금까지 살아오면서 형이 개를 키우는 것을 보지 못했다.

결혼 후 잠시 개를 키운 적이 있다. 잡종이었지만 퇴근 후 집 가까이에 오면 내 발걸음 소리만 들어도 금방 알아보는 영리함이 있었다. 여름날 토요일로 기억된다. 중학교에 다니던 동생이 집에 놀러 왔다가 안 하던 짓을 했다. 물청소로 개집을 씻고 닦고 야단을 피웠다. 바로 다음 날 교회 수련회에 갔다가 낙동강에서 익사했다. 70여 년의 세월이 흘렀지만 동생이 개집 청소하던 일이 아주 생생하다.

아기를 태우는 유모차에 아이는 없고 개가 평온한 자세로 자고 있다. 요즘은 애는 낳지 않고 개를 키우는 신혼부부도 많다고 한다.

한국인 천만여 명이 애완동물을 키우는 시대다. 그중에 개가 절대다수다. 개의 종류가 많듯이 생김새도 각양각색이다. 집에서 키우는 많은 동물 가운데 개는 사람과 아주 친밀하다. 개를 품에 안고 다니는 젊은 여성을 보고 개가 예쁘다고 말해줘도 눈총을 받는다. 감히 가족 같은 반려견을 두고 함부로 대한다는 표정이다. 개 이름도 국산은 없고 거의가 외래다. 개가 입는 옷이나 악세서리도 다양하다. 얼른 봐서 개는 개인데 개처럼 안 보이는 개도 있다. 개 미용실을 다녀온 개다. 반려견은 고상하고 개는 그 반대다. 개가 그렇게 많은데 개 짖는 소리가 별로 없다. 성대 수술을 한다는 말도 들었지만 좌우지간 개와 사람과의 관계는 요지경이다.

　사람을 보고 × 같은 ○이라고 하는 경우도 있다. 미국인도 개를 빗대어 욕을 한다. 충견도 있지만 집 나간 개는 들개가 되어 난폭해진다. 사람이 개를 어떻게 다루느냐에 따라 그 가치가 달라진다. 개를 가족처럼 여기는 가정이 많아지면서 개 문화가 발전·형성되고 있다.

　전직 대통령들이 청와대에서 개와 시간을 보내는 모습을 우리는 자주 봐 왔다. 박정희 대통령 때도 그랬다. 개와 함께 가족들과 한가한 시간을 즐기는 대통령의 모습은 국민들에게 시나브로 친밀감을 보여 주었다. 대통령의 성향에 따라 개를 키우는 모습도 다른 것 같다.

　전 대통령과 북한의 권력자가 개를 중간에 두고 정치적 쇼를 보였다. 김정은의 선물이라며 대통령은 개를 자주 TV에 출연시켰다. 개를 껴안기도 하고 어린 개에게 우유를 먹이는 등 동물 사랑하는 모습을 연출했다. 풍산개를 선물 받았다면서 그는 북한 실력자와 정치적인 끈끈한 정을 나누고 있음을 국민들에게 은연중 보였다.

　나는 개를 별로 좋아하지 않지만 충견에 대한 얘기는 듣고 본 적이 있다. 아이들 동화 속에서도 자주 등장한다. 주인을 위해 목숨을 버리는 개의 이야기는 애틋함을 준다. 평범한 개에 대한 이야기는 정치권에서 말하는 충견의 의미와는 아주 다르다.

잘 키우던 개를 버리는 사람은 이기적이다. 풍산개를 자랑하며 키우던 전 대통령이 갑자기 개를 키우지 못하겠다고 해서 놀란 적이 있다. 그 개를 광주 한 동물원에서 사육하게 되었다는 말을 들었지만 그 과정은 별로 떳떳하지 못했다. 재직 시에 받은 선물은 개인 소유가 아니고 국가 자산이란 점을 들먹이면서 개를 국가에 반납하겠다고 했다. 개를 그토록 좋아하면서 더군다나 북한의 최고권력자가 보낸 개를 못 키우겠다고 하는 것은 보통 사람으로서는 이해하기 어렵다. 개 사료 값이 많이 들어가서 그랬다는 말은 더더욱 그렇다.

미물을 정치적으로 이용한 것도 그렇지만 개와 인간의 평범한 관계를 벗어난 개인의 성격을 그대로 보여주고 있다. 개와 사람은 매우 친밀한 관계다. 한 시대의 지도자였던 인물이 반려견 애호자 국민들에게 좋은 이미지를 심어주지 못한 것은 못내 아쉽다. 개를 식용으로 먹지 못하도록 하는 법률이 제정되었다. 인간보다 개의 격이 높아진 것인가.

• 2023. 4.

가면

 "그대는 누구이뇨? 말을 해 주오." 여인의 애간장 끓는 듯한 가느다란 노랫가락이 우중충한 감옥 꼭대기 조그만 창을 향해 이어지다 끊어진다. 먹구름이 달을 가리고 간간이 내미는 으스름 달빛에 별들이 고즈넉하다.

 철가면을 씌워 한번 들어가면 죽어서야 나온다는 심연의 감옥에 갇힌 죄수에게 노랫말을 통해 사연을 전하고 있다. 소설에 심취되어 마구잡이 무슨 책이든 닥치는 대로 읽었던 중학 시절, '철가면'이란 제목의 소설에서 나온 노래 대사의 한 토막이다. 오래되어 가물가물하지만 외국소설을 번안, 각색한 작품으로 기억된다. 정치적 음모로 억울하게 갇힌 연인을 철통같은 감옥에서 구해낸다는 스토리로 17세기 프랑스 바스티유 감옥을 배경으로 한 작품이 아닌가 싶다.

　가면이란 용어가 주는 이미지는 선호적이 못 되는 경우가 많지만 꼭 그렇지만은 않다. 가면을 써야만 참석하는 카니발 영화를 본 적이 있다. 서로가 모르는 분위기 속에서 축제는 무르익는다. 여러 모양의 탈을 쓴 사람들은 가면에 의지하여 인격과 체면을 던져버리고 순간 이성을 잃은 사람처럼 행동한다. 용기가 저절로 솟고 대담해진다. 마음에 담은 이성에게 사랑을 고백하고 설사 차인다 해도 부끄럽지가 않다. 그러나 마음 한구석에는 자기혐오와 찜찜함이 그대로 남아있다.

　중학교에 다닐 때, 날마다 옛 대구 교도소 앞길을 지나야 했다. 가끔 용수를 쓴 죄수가 포승줄에 묶여 끌려가는 것을 보았다. 둥글고 깊은 원통형 바구니 모양의 짚으로 만든 용수에는 두 눈 구멍만이 뚫려 있었고 용수는 죄수의 목 밑까지 덮고 있었다. 본래 용수는 맑은 술을 거르기 위해 쓰인 도구였다. 어떤 연유로 죄수의 가면으로 사용됐는지는 모르나 일제의 유산이 아닌가 생각된다. 터덜터덜 감옥으로 향하는 죄수의 무거운 발걸음을 보면서 측은하다는 생각보다 두려움이 있었다. 중죄인에게만 용수를 씌운다는 말을 들은 탓이다. 그때 죄수의 얼굴을 가린 용수는 인권을 위해서가 아니라 사회로부터 단절하려는 의도가 있었다.

　가끔 TV에서 살인자 등 흉악범의 얼굴을 모자와 수건 등으로 감추는 것을 본다. 죄인이지만 인권을 보호하는 차원에서다. 얼굴을 가려준다고 해서 그의 인격이 온전하다고 말할 수 있을까.

'가면을 쓴 인간'이란 말은 누구나 듣기 싫어한다. 한 인격체의 거울은 얼굴이다. 그들 삶의 흔적들이 그려져 있다. 마음의 바로미터다. 자기 얼굴에 관심 없는 사람은 이 세상에 없다. 모두가 자신의 얼굴을 꾸미려고 애쓴다. 성형을 하고 보톡스를 맞는 것이 유행하고 있다. 인지상정이라 나무랄 수는 없지만 가면 아닌 가면을 쓴 것과 다를 바 없다.

마음의 거울과 육체의 거울은 하나일 수가 없다. '10대는 치장, 20대는 화장, 30대는 분장, 40대는 변장, 50대는 위장, 60대는 환장'이란 우스갯말이 있다. 안팎의 자신을 덮으려는 인간의 속성을 표현한 말이지만 넓고 크게 보면 인간의 탐욕과 이중성이 고스란히 배어 있다.

가면이 남에게 즐거움과 행복을 가져다준다면 나쁠 것이 없다. 함을 진 젊은이가 오징어 가면을 쓰고 짓궂은 장난을 하는 것을 보면 모두가 재미있어 한다. 여성이 햇볕에 얼굴이 그을린다며 오징어 모양의 헝겊 가면을 쓰고 활보하는 것을 보면 뭔가 찜찜하다는 느낌을 받는다. 가면도 쓰임새에 이중성이 있는 듯하다.

얼굴을 가리는 용도로는 다를 바 없지만 복면이 주는 느낌은 가면에 비해 무겁다. 얼굴 전체를 모자, 색안경, 마스크 등으로 덮어 상대방이 전혀 모르게 변장한다. 범법을 위한 준비다. 오로지 자기 욕심만을 위한 짐승적 행동으로 반이성적이다. 청소년이나 젊은 이들에게 활력을 주고 있는 복면가왕이란 인기 프로와는 거리가 멀다.

 실제 가면을 쓰지 않고도 보이지 않는 가면으로 얼굴과 양심을 가리고 인간사회를 좀먹는 군상들이 우리 주변에 너무나 많다. 정치인, 교육자는 말할 것도 없고 심지어 종교 지도자들 가운데서도 예사로 가면을 쓰고 있는 이들이 더러 있다.

 남 탓을 해 무엇하랴. 우리는 필요하면 언제나 마음의 가면을 쓸 준비가 되어있는 사람들이다. 야누스의 양면성, 가면을 피하지 못하는 영원한 인간의 숙제다.

• 2023. 7.

종교와 종교인

　얼마 전 한 TV에서 고부 무당이 활동하는 모습을 보여 줬다.
　60대 중반의 시어머니 무당은 40대 무당 며느리에게 스승으로서 위엄을 보여 주고 있었지만, 일이 끝나면 전 가족이 함께 모여 보통 가정들처럼 평온하게 지내고 있었다. 시어머니 무당은 무당계에서 꽤 알려진 인물인 것 같았다. 무당 관계 강좌가 있는 날에는 남녀 젊은이가 자리를 꽉 메웠다. 놀란 것은 젊은이들이 무당직을 전문직으로 인식하면서 직업으로 선택하려고 하는 모습을 보인 것이다. 무당에 대한 사회적 인식에도 변화가 오고 있다는 생각이 들었다.
　기독교인들은 오직 하나님 한 분을 대상으로 신앙생활을 하도록 배워 왔다. 종교에 대한 사회적 신념들이 조금씩 허물어지고 있다는 생각이 든다.

　아베 전 일본 총리를 저격한 범인은 제 어머니가 통일교회에 전 재산을 바쳐 가세가 기울어진 데 대한 보복으로 통일교를 두둔한 총리를 살해했다고 한다. 일본 정계와 무관하지 않는 통일교가 총리를 살해하는 빌미를 준 것이 아닌가 하는 생각이 든다. 국내에서 이단으로 지목받던 통일교회는 일본에서 크게 성장하였다. 종교를 등에 업고 체계적이고 돌출적인 포교 방법으로 교인 수를 엄청 늘리고 교인 헌금과 세계 곳곳에서 벌인 기업활동으로 엄청난 부를 형성했다. 통일교회는 '세계평화통일가정연합'이란 명칭을 사용하면서 사업도 하고 포교도 한다. 통일교 행사에 미국 전·현직 대통령을 비롯하여 유수한 세계 정치인이 메시지를 보내는 등 정치적으로도 긴밀성을 보이고 있다.

　대구에서 최초로 코로나를 감염시킨 인물이 신천지 신자로 밝혀지면서 교주 이만희가 무릎을 꿇는 모습이 TV를 통하여 온 세상에 알려졌다. 그로 인해 신천지교회라는 이름이 부각되는 역작용이 일기도 하였다. 그는 횡령 등 문제로 징역 3년에 집행유예 5년 확정선고를 받았다. 이런 정황에도 그는 여전히 교주로서 활동을 은밀히 하고 있다. 어느 교회든 '신천지 교인의 출입을 금한다'라는 주의성 광고물을 게시하고 있다. 하지만 신천지교회의 실체를 교인들에게 설명하는 공식적인 설교나 모임은 거의 없다. 게시

된 홍보물을 읽어보는 교인들도 안 보인다. 교회 지도자들은 신천지 등 이단이나 사이비 교회에 대한 설교를 왜 회피할까.

이만희는 '내가 보고 들은 계시록' '생명나무와 선악나무'란 타이틀을 걸고 신문 전면 광고를 한다. 이만희를 강사로 내세우고 요한계시록 전장을 '신천지 공식 유튜브 전 세계 동시 송출'을 한다고 대대적 광고 선전을 한다. 이단·사이비교회에 대해 기성교회들이 소극적인 대처를 하는 가운데 교회라 할 수 없는 집단이 득세를 하면서 그 세를 확장해 가고 있다. 하지만 사회에서는 이단과 사이비 모두를 교회라고 보면서 목사가 범죄를 저지르면 형벌을 받는 것이 마땅하다는 정도로 인식할 뿐이다. 이단이나 사이비 교단은 사회변화에 적절히 대응하면서 최선의 방안을 찾아 포교한다. 이런 올무에 걸리는 평범한 교인들도 숱하게 있을 것이다.

《한국성결신문》 제1327호에 나온 기사다. '신천지가 다양한 유튜브 채널을 개설해 포교에 나서 주의가 요청된다. 특히 청년들을 대상으로 한 유튜브 채널과 청소년·어린이들이 접하기 쉬운 웹툰 형식의 채널들도 있어 각 교회에서의 대처가 시급한 상황이다.' 각 교회에서 알아서 하라고 귀띔해 주는 소극적 정보다.

제4차 산업시대, 디지털시대에 여느 사회체제와 같이 교회 체제 안에서도 기성교회와 이단·사이비교회가 공존하는 시대가 되고 있다. 대부분 교회 지도자들은 예부터 해오던 방법대로 가르치고 교인 관리를 한다. 그러나 이단·사이비는 모든 수단을 동원하여 포교 방법을 끊임없이 연구하고 범위를 넓혀 간다. 일반교인들은 기독교 철학의 진부를 가릴 능력이 부족하다. 이제 기성 정통교회는 교단 차원에서 변화 시대에 종교와 종교인이 서야 할 자리를 확고히 해 줘야 한다. 이단·사이비를 건드릴 필요가 없다는 인식에서 벗어나야 한다. 각 교회가 알아서 하라는 말은 매우 부적절하다.

• 2023. 9.

칼럼 장르

　수필단체 몇 곳에 이름을 얹다 보니 글을 써야 할 기회가 잦아졌다. 수필과 칼럼을 쓰면서 자가당착에 빠질 때가 있다. 수필의 경계는 어디까지일까. 시, 소설, 희곡 등 특정 문학 장르를 제외한 모든 부류를 수필에 포함시키는 애매성을 어떻게 받아들여야 할까. 일기문, 기행문, 서간문, 감상문, 칼럼, 전기, 자서전, 권두언, 연설문 등을 수필 속에 포함하자는 주장도 있다.
　수필의 정체성은 있는 것일까. 수필을 중수필과 경수필로 분류하면서 형식에 크게 구애받지 않는 많은 글들을 수필의 아류에 넣는 것은 수필문학의 실존을 위해 필요하기 때문일까.
　내가 쓴 수필이 처음 활자화되었을 때 아내는 대뜸 칼럼 같다고 했다. 보통 말하는 수필과 비교하면 내 글이 마음에 닿지 않고 무미건조하게 느껴진다는 것이다. 수필은 자기 체험에 기인한 생활 주변 이야기, 삶의 보편성과 흥미를 유도하면서 공감보다 감성을 강조하는 측면이 많으므로 내가 주로 써 온 칼럼성 글과 거리가 있다는 것을 나도 안다.

나는 모든 글을 작문으로 이해하고 싶다. 작문은 특정 대상에 대한 관념·사상·철학을 감성적·비감성적 여러 어휘와 조합하여 문장으로 표현한 것이다. 수필과 칼럼을 포함한 그 어떤 글이든 모두가 작문인 것이다. 글의 성격, 형식, 체제 등에 따라 차이가 있을 뿐이다. 굳이 말하자면 작문을 세분하여 나온 산물이 여러 갈래로 나뉘어 새로운 장르, 형식을 만들어 가는 것이라는 생각이 든다.

내가 칼럼을 선호하는 이유는 넓은 안목으로 자신과 환경을 접목할 수 있는 매력적인 글이기 때문이다. 수필이 미시적·인문학적 주제에 매인다고 하면 칼럼은 거시적·사회학적인 의제에 초점을 맞추고 있다. 개인의 문제가 아닌 전체의 문제를 중시하는 것이다. 칼럼의 주제가 정치·사회적인 내용에 많이 쏠리는 것이 그 이유다. 그런 면에서 칼럼은 비평적 문학의 범주에 가깝다고 말할 수 있겠다.

글의 성격상 시의와 상황에 맞게, 글을 읽는 이의 관심에 접근해야 하는 것은 칼럼의 필수성이다. 칼럼을 써 오면서 내 자신이 일정한 관념에 갇혀있지 않는 자유인으로 성장해야 한다는 생각을 늘 가져왔다. 주제 속에서 문제를 분석하고 객관적인 자료에 근거, 개선책을 제시하는 것은 칼럼니스트에게 주어진 문력文力이자, 자부심이다. 글에 대한 책임은 부수적이다.

수필을 쓰는 이들이 칼럼에 무관심한 경우를 많이 본다. 수필과 칼럼을 다른 장르로 이해하는 것이다. 나는 칼럼을 수필의 이단아라는 생각을 죽 해오고 있다. 칼럼을 문학적 장르라고 말하는 이는 본 적도 없고 좀 유식하면 중수필에 속한다는 말을 덧붙이지만 시나브로 수필 작가들은 칼럼을 자기 아류에서 밀어내고 있다. 그 많은 수필가 중에서도 칼럼 작품을 발표하는 경우를 보지 못했고 수필 문학 토론 등에서도 칼럼은 일체 언급되지 않는 이단아의 자리에 있을 뿐이다.

전통 있는 유수 신문에서 칼럼은 매우 중요한 위치에 있고 칼럼니스트는 인기 작가다. 나는 내 나름의 칼럼 장르를 만들어 가면서 독자와 공감의 터를 넓혀가려고 애쓴다. 수필에 구애받지 않는 칼럼의 장르를 개척해 보려는 것이다. 오랜 신문 칼럼니스트의 경험은 칼럼 장르를 만드는 데 좋은 자산이 될 수 있을 것이라 믿는다.

• 2023. 10.

중수필, 칼럼 사랑

'손톱 같은 초생달 비치는 밤에
한 모퉁이 화단에 코스모스가
초생달에 비추어 더욱 빛나고
닭장에 닭들은 잠을 자는데
멀리서 피리 소리 들려옵니다'

온 하늘에 별이 총총하고 초승달이 환히 떠 있는 초가을 어느 날, 살평상에 누워 지은 글이다. 초등학교 3학년 무렵일 것이다. 선생님이 숙제로 낸 작문으로 지금 보면 흠이 많지만 그때는 이상하게도 동요 같은 글이 술술 흘러나왔다. 선생님으로부터 칭찬을 받고 강당 벽에 붙여졌다.

내 마음 한편에 문학의 겨자씨가 있었던 것 같다. 산수傘壽의 나이에도 동요 '초생달'을 읊조리면 살던 옛집, 부모님과 형제들, 동네 친구들, 줄줄이 어린 날의 여러 기억들이 아름다운 파노라마가 되어 다가온다. 세상 부대껴 살면서 책은 멀리하지 않았지만 한참 동안 문학과의 인연이 멀어져 있었다.

수필가라는 이름을 얻기 전부터 나는 대구지방 신문에 보름에 한 번씩 원고지 열 장 분량의 칼럼을 써 오고 있다. 35년 넘게 신문 칼럼을 계속 써오고 있는 것을 보고 주위 사람들은 나의 끈기에 입을 댄다. 좋아하는 글쓰기가 칼럼의 형식으로 루틴화된 것이다.

자의·타의 반으로 수필단체 몇 곳에 이름을 얹다 보니 글 쓸 기회가 많아졌다. 수필과 칼럼을 쓰면서 자가당착에 빠질 때가 있다. 정서상 수필과 칼럼의 다름 때문이다.

수필과 칼럼의 경계는 어디까지일까. 중·고교 시절, 수필은 '붓 가는 대로' 쓰는 글이라고 배웠다. 한자 隨筆을 보면 그 의미가 분명해진다.

수필을 경수필과 중수필로 분류하면서 그 영역을 말하기도 한다. 전자는 감성적, 후자는 비감성적·이성적이다. 수필을 영문으로 표기하면 "essay"다. 에세이는 시, 소설, 희곡 등 특정 장르를 제외한 산문을 가리키며 글의 융합성을 강조한다. 일정한 형식 없이 인생이나 자연 또는 일상생활에서의 느낌이나 체험을 생각나는 대로 쓴 산문 글이다. 경수필과 중수필을 모두 포함한 넓은 개념이다. 수필은 생활 주변의 이야기, 삶의 보편성과 흥미를 유도하면서 공감보다 감성을 강조하는 측면이 많으므로 내가 주로 써 온 칼럼성 글과 거리가 있다는 것을 잘 안다.

칼럼은 좀 특이하다. 신문·잡지 등에 기고하여 사회, 시사, 풍속 따위에 관하여 평을 하는 글로 알려져 있다.

나는 모든 글을 작문으로 이해하고 싶다. 작문은 특정 대상에 대한 관념·사상·철학을 감성적·비감성적 여러 어휘와 조합하여 문장으로 표현한 것이다. 수필과 칼럼을 포함한 그 어떤 글이든 모두가 작문인 것이다. 글의 성격, 형식, 글 쓰는 이의 취향에 따라 차이가 있을 뿐이다. 굳이 말하자면 작문을 세분하여 나온 산물이 여러 갈래로 나뉘어 새로운 장르, 형식을 만들어 가는 것이라는 생각이다.

글에 대한 아쉬움을 가질 때가 있다. 수필 장르에서 칼럼을 중수필이라고 분류하고 있지만 뭔가 칼럼을 서자처럼 여기는 경향이 있지 않은가 하는 나대로의 감정이다. 시, 소설, 희곡, 평론 등을 제외한 모든 글을 수필의 아류로 확대하면서 중수필 칼럼의 위상이 시원찮게 느껴지는 것이다. 칼럼을 선호하는 문학인이 드문 것도 이 때문이 아닐까.

내가 칼럼을 선호하는 이유는 수필이 자기표현의 범위와 한계에 매달려 쓰는 단순 글이라고 한다면 칼럼은 넓은 시각으로 자신과 환경을 접할 수 있는 매력 글이기 때문이다. 수필이 미시적·인문학적 주제에 매인다고 하면 칼럼은 거시적·사회학적인 측면에 초점을 맞춘다. 개인의 문제가 아닌 전체의 문제를 중시하는 것이다. 칼럼의 주제가 정치·사회적인 내용에 많이 쏠리는 것이 그 이유다. 칼럼은 비평적 문학의 범주라고 말할 수 있다.

  성격상 시의와 상황에 맞게, 글을 읽는 이의 관심에 접근해야 하는 것은 칼럼의 필수성이다. 칼럼을 써 오면서 내 자신이 일정한 관념에 갇혀있지 않는 자유인으로 성장해야 한다는 생각을 늘 가진다. 주제 속에서 문제를 분석하고 객관적인 자료에 근거, 개선책을 제시하는 것은 칼럼니스트에게 주어진 문력文力이자, 자부심이다.

  나는 내 나름의 글 스타일을 만들어 가려고 한다. 글의 형식, 모드에 변화를 주기 위한 글쓰기의 각오다. '칼럼만이 가진 교시성·교도성을 발전시키자. 쉬운 어휘와 용어 사용으로 읽는 이에게 공감을 줄 수 있는 글을 쓰자. 칼럼의 경직성을 벗어나기 위해 글을 부드럽게 쉽게 써 보자. 누구나 고개를 끄덕이게 하는 그런 글, 누룩 같은 글, 큰 나무를 꿈꾸는 겨자씨와 같은 글을 거침없이 써 보자'.

・2023. 11.

문화와 문학, 나

　내 기억으로는 『별들의 고향』 작가 최인호가 우리나라에서 청년문화란 용어를 가장 먼저 사용했던 것 같다. 그때 청년문화의 심벌은 기타, 블루진, 생맥주였다. 잘 치든 못 치든 대학생들의 어깨에는 기타가 있었다. 미풍에 긴 머리칼을 날리면서 쫙 붙는 청바지에다 볼륨이 있는 기타를 맨 모습에서 청춘을 볼 수 있어 좋았다.

　도심에서 약간 비켜난 경북대학교는 누구나 드나들 수 있는 공원이었다. 캠퍼스를 한 바퀴 돌고 나면 운동이 돼서 시민들이 많이 찾았다. 곳곳의 나무 그늘 아래에서 기타에 맞춰 노래하는 청춘들을 보면 낭만이 바로 이런 것이구나 느끼면서 내 젊은 날과 비교해 볼 때도 있었다.

학창 시절, 문화인·문화민족이란 말을 숱하게 들었다. 문화가 무엇인지 그 의미를 깊이 알지 못한 채 그저 좋은 것이라는 막연한 생각을 했다. 이제는 쉽게 정의를 내릴 수 있을 것 같다. 문화는 생각하고 느끼고 행동하는 총체다. 청년의 공통된 생각이 청년문화를 만들고 세월을 골고루 경험한 노인들은 특유의 노인문화를 형성한다. 또래의 생각·느낌·행동이 다를지라도 그것을 조화하면서 사는 것이 우리 인생이다.

나는 문화와 문학에 관심을 가진다. 그 개념을 보자는 것이 아니고 상관성에 무게를 둔다. 태생적으로 조직생활을 해야 하는 사람들은 어떤 형태로든 체제system 속에 있다. 체제는 전체를 구성하는 요소로서 상하관계를 유지한다. 큰 체제total system 속에는 작은 체제sub system가 있고 유기적인 관련성을 가진다.

체제이론에 따른다면 문화의 한 영역인 예술 분야에 문학이 존재하고 문학 안에 시, 소설, 희곡, 수필 등 장르가 있는 것이다. 이들 간의 상호관련성은 피할 수 없지만 독립성은 확보되고 강조되어야 한다. 생각하고 느끼고 행동하는 것을 문화라고 한다면 그러한 가치들을 문자로 표현하는 것이 문학이 아니겠는가.

우리는 문인이라고 하면 어느 정도의 인격적 대우를 받고 있다고 느낄 때가 있다. 글을 통하여 인간들이 순수하게 접근하기 바라는 공통분모를 찾아주기 때문일 것이다. 문화와 문학에 좀 더 가까이 가보자. 체제개념에서는 문화가 문학보다 상위개념이지만 실제 상황에서는 굳이 상하 개념을 따질 이유가 없다. 문화와 문학의 가치체계가 크게 다르지 않기 때문이다. 생각하고 느낀 것을 특정의 형식을 통하여 글로 나타내는 것이 문학이라고 관조하면 퍼뜩 이해가 간다. 그런 측면에서 보면 문학을 하는 사람들은 동질의 문화를 만들어 가는 것이다. 사람을 하나의 개체로 볼 때 문학인들은 동일한 문화를 만들어 가지만 나름의 생각, 이념, 가치에는 다름이 있다.

가끔 수필 교실에서 느끼는 일이다. 수필을 습작하는 동호인들은 분명 같은 문화를 가졌기에 모였지만 바라보는 각자의 문학세계는 다른 것이다. 인간행태의 격이 달라서다. 하지만 수필문학 속에서 자아를 찾으려는 노력이 가상함은 인정하고 싶다. 자기 삶에 대한 감성의 총화를 문학으로 승화하려는 욕구는 훌륭한 수필가로 성장할 수 있는 도구가 된다는 것은 진실이다.

평소 갖고 있던 문학에 대한 소회를 이 기회에 말하려고 한다. 나의 경험상 문학인들 가운데 사기를 친다든지 사회적 범죄로 여론을 형성한 인물들을 거의 보지 못했다. 우리나라의 경우는 좀 드물지만 고금을 통하여 세계 유수 정치인들 중에 문인들이 다수 있다는 것은 문학 하는 사람으로서는 자랑할 만한 정보다. 국내 굴지의 서울 S 병원의 의사에게 내 수필집을 주었더니 이런 말을 했다. "나도 한때 문학을 하고 싶었지만 어떻게 하다 보니 책 한 권 못 썼습니다." 독백으로 받아들였지만 그 명의의 말에서 문학의 상품적 가치를 읽을 수 있어서 기분이 좋았다.

연초를 전후해서 한국 문단의 지도자급으로 자처하는 일부 문인들이 일반인의 인식을 뛰어넘는 행태를 나타내는 것을 보면서 여러 생각을 한 적이 있다. 선거의 경쟁자를 비방하면서 지나치게 정치성·고질성·편협성에 묶여 한국문인협회 임원으로 뽑아달라면서 읍소하는 모습을 보면서 문인의 세계도 별것 아니라는 생각을 했다. 생면부지의 사람들에게서 거의 매일 문자가 왔고 카톡을 받았다. 그러려니 하다가 나중에는 짜증까지 났다. 사람은 '정치적 동물'이란 말도 있지만 문인 세계에서 벌어진 선거 양상이 놀라우리만치 속물화되고 있다는 것에 회의를 가졌다. 서울협회에 전화를 해서 문단 선거의 문제점을 지적했으나 긍정적인 답을 얻지 못했다. 내 나름 그 자리가 인격적·경제적으로 대우받고 보상받는 자리일지도 모른다는 생각을 했다. 문단의 아는 몇몇 분에게 자문을 구했더니 시인은 시인에게, 수필가는 수필가에게 투표하라는 아전인수 격 말만 들었다. 문학은 순수한 인간 감정의 표현물이라는 단순 생각과는 너무나 거리가 있었다. 문단 지도자 모두가 비교 개념이 없는 정치적 놀음을 하고 있었다.

한국을 대표하는 시인이 여난으로 사법적 시비 속에 움츠려 있거나 이름난 소설가의 작품이 표절이라는 세평을 받아 곤욕을 치른 것을 보면서 문학과 사람을 생각해 본다. 정도를 벗어난 인간 욕구는 실패를 만드는 것이다. 설사 무죄 판결로 명예회복을 한다고 해도 가슴에 눌린 낙인을 지우는 데는 많은 시간과 고민이 따를 것이다. 흠도 탓도 없는 인간사 어디 있으리오마는 자기관리가 미흡했던 스스로의 잘못도 있지만 더 큰 문제는 남이 잘되는 것을 못 보는 한국적인 문화 심보가 문학세계를 오염시키고 있음을 탓하는 것이다.

  이런 것도 말하고 싶다. 시인 다음에 수필가가 많다는 것은 수필을 하는 사람으로서 기분 좋은 일이다. 학문의 영역에서 문학을 조명하면 어떤 분야의 학문이 발달하기 위해서는 충족되어 할 요건이 있다. 그 분야에 관한 연구, 말하자면 연구논문 또는 학술대회가 성하든지 또는 국외자의 관심이 높을 때이다. 그런 의미에서 수필인구가 많아지는 것은 수필문학 발전의 큰 축이 됨을 알 수 있다. 문제는 타 문학 장르에 비해 수필에 대한 학문적 연구가 미흡한 것 같고 또 하나는 지적하기 민망하지만 수필 등단자가 쉽게 배출된다는 점이다. 등단을 한 후 문학 활동을 하지 않는 이도 있겠지만 문학 애호자가 등단에만 목적을 두는 것도 장려할 일이 못 된다. 자기 잘난 멋에 사는 것이 우리 인생이니 누가 말릴 수 있으랴.

요즘 내게 부쳐오는 작품집이 많은 것을 보면서 내 문학의 보폭이 조금씩 늘고 있다는 생각에 즐거움을 가진다. 책을 받고는 미안한 생각을 많이 한다. 소중한 책을 다 읽지 못하고 책 제목의 작품을 찾아 읽는 것이 고작이다. 책을 읽은 간단한 소감을 전화나 문자로 감사 인사하는 것이 내가 하는 전부다. 스스로 부끄러움을 탓한다. 구독하는 월간지를 받아도 수필 몇 편 골라 읽고 때로는 봉투조차 개봉하지 않고 다음 달 책을 받을 때도 있다. 등단한 것이 중요한 것도 아닌데 그에 얽매어 생활의 엇박자를 내는 자신을 나무란다.

연전 한국교직원공제회의 주선으로 두 번째 작품집인 자서 수필집 『길』을 내면서 지난 날들을 돌아보는 기회를 가졌다. 어린 시절 터 넓은 적산가옥에 살면서 만든 추억들, 고난의 중고교 학창 시절, 공무원·교원 등 공직 생활을 하면서 쌓아온 생활의 지혜, 삶의 보람을 위해 겪은 많은 경험을 돌이키면서 여생을 어떻게 마무리해야 할지 조심스럽게 자기진단을 한다. 늘 마음에 두고 있는 활도노活到老, 학도노學到老의 정신으로 살겠다. 죽을 때까지 활동하고, 죽을 때까지 배우려는 것이다. 수필을 통하여 맑은 머리를 가진 문인으로 살고 싶다.

• 2023. 12.